「引領孩子進入繪本的世界，就像領航者手把手的帶著孩子進入多元且千變萬化的佳美之地。一旦孩子找到了悠遊書海的方法與體會到探索其間的美好，將會主動且持續的沉浸在閱讀的習慣中而終身受益。」

—— 葉嘉青

親子共讀起步走

經典繪本200+
從零歲開始讓孩子愛上閱讀

葉嘉青 著

PART1 分齡閱讀篇
愛閱孩子的養成計畫起步走！

PART2 多元閱讀篇
愛閱孩子的全方位能力大躍進！

啟發
認知能力

PART3 深度賞析篇
讓孩子與世界繪本大師相遇

序 一起踏上親子共讀的旅程 ——葉嘉青

　　《親子共讀起步走：經典繪本 200⁺，從零歲開始讓孩子愛上閱讀》是一本和父母與老師們談如何選擇和運用繪本，從胎教開始培養孩子的閱讀能力和興趣，並介紹全球經典繪本和繪本大師的書籍。早期閱讀的知識與時俱進，新增訂版加入了當今社會最關注的議題，例如：呼應聯合國 17 項永續發展目標（SDGs）的永續發展教育繪本賞析與應用，以及近年來出版的許多經典繪本等，務求以嶄新的面貌，豐富的內涵和實用的指引呈現。

　　筆者多年投入全球性的早期閱讀研究、教學和推廣工作，也參與教育部嬰幼兒閱讀推廣計畫，擔任選書、執行成效的評審和輔導委員。在這些過程中，見證了許多家庭因共讀而關係美好，孩子因共讀而表現優異，特殊孩子因共讀而預防或減緩了學習困難等，因此將心得整理成書，希望能讓更多的孩子與家庭受益。基於易讀、實用的考量，全書分為**〈分齡閱讀篇——愛閱孩子的養成計畫起步走！〉**、**〈多元閱讀篇——愛閱孩子的全方位能力大躍進！〉**和**〈深度賞析篇——讓孩子與世界繪本大師相遇〉**，並在索引中依照孩子的適讀年齡，註明文中所提及的繪本創作者和原文書名供參考。

　　〈分齡閱讀篇〉談的是如何依照孩子的年齡和興趣選擇好繪本並運用，以促進孩子學習能力的發展。孩子發展年齡各有不同，所需的繪本和共讀模式差異很大，因此本書依照 0～6 歲嬰幼兒的發展階段做區分，介紹不同的閱讀引導方式、選書原則，並解答父母與老師們常提出的共讀問題。醫學證實，如果對胎兒進行閱讀胎教，能促進孩子的成長、緩解孕媽咪的不適，也能提早培養親

子感情，因此新增訂版中特別加了「如何進行閱讀胎教」，鼓勵親子共讀從懷孕期開始。

　　〈多元閱讀篇〉則分為「培養非認知能力」和「啟發認知能力」。許多研究指出毅力、自制力、自信心、學習動機等非認知能力和認知能力一樣，對於孩子的學習和人生有極大的影響，並強調教育和教養能提升這兩方面的能力。在「培養非認知能力」方面，希望幫助父母與老師們從閱讀的不同角度和面向提供孩子多元題材、文體與型式的繪本，並搭配引起不同共鳴點的學習策略，讓孩子體驗全方位的閱讀。在「啟發認知能力」方面，提供了父母與老師們一些運用繪本寓教於樂的活動，例如：聰明提問的模式、經典童話版本的比較與改編、角色扮演遊戲等，讓孩子體驗各領域的相關知識，培養他們的邏輯推理和創意想像力。

　　〈深度賞析篇〉是為了幫助讀者們認識不同的繪本大師和欣賞其創作風格，並能進一步的鑽研和應用他們的經典繪本，因此特別介紹了艾瑞‧卡爾（Eric Carle）和他的經典嬰幼兒繪本，謝爾‧希爾弗斯坦（Shel Silverstein）和他富詩意與哲理的童詩，林明子和她受日本動畫大師宮崎駿推崇的溫馨繪本等，共6位繪本大師們的作品。

　　特別感謝親子天下編輯團隊君君、佩芬與欣靜，因她們的鼓勵促使我將受好評的舊版重新改版增訂，以及提供內文圖片授權的出版社慷慨相助，使這本書能夠順利出版。也要衷心感謝啟蒙和悉心指導我的教授，兒童文學專家芭芭拉‧姬芙（Barbara Kiefer）女士，從我懷孕期便一同共享閱讀美好的先生永杰和孩子傳恩，在早閱推廣路上幫助及指導我的好夥伴們，以及因早閱受益而給予我正面回饋的讀者們，期盼這本書能陪伴愛孩子與繪本閱讀的您享受悅讀的喜樂！

PART1　分齡閱讀篇

愛閱孩子的
養成計畫起步走！

以適齡、適性的好繪本陪伴孩子順利完成不同階段的發展任務,解決心理社會發展的難題,促進孩子在各項領域的成長與學習。

0歲
如何進行閱讀胎教？

胎兒也能享受親子共讀之樂

胎兒在媽媽的子宮裡時，身體、各種感官及智力都快速成長，氣質與性格也在逐漸形成。經醫學證實，如果對胎兒進行適宜的閱讀胎教，能促進孩子日後的成長與發育。此外，閱讀胎教也可以緩解媽媽孕期的不適與情緒壓力，有助於促進親子間的交流與認同。閱讀胎教的目的及價值到底是什麼，又該如何進行呢？

閱讀胎教的核心價值

閱讀可以加深媽媽和胎兒之間的情感連結，讓彼此都感到幸福，也能鼓勵媽媽在產前規劃及準備孩子出生後所需的閱讀環境與資源，及早建立共讀習慣，愉快的開展閱讀。親子間一來一往的精神溝通與生理的交流，將有助於媽媽減少壓力、保持心情愉快，進而激發孩子的潛能，造就孩子完整的性格。

胎兒的發展與反應

胎兒是具有感官能力與初步學習能力的個體。在大約 4 個月時，胎兒的觸覺

及味覺發展，5 個月時聽覺發展，7 個月時大腦皮質神經發展，8 個月時記憶能力發展。親子的密切溝通會改變胎兒的大腦結構，影響胎兒解讀事物與面對壓力的方式，並形成不同的性格。以下是幾個值得參考的閱讀胎教案例。

案例一：安撫能提升胎兒的安全感及好奇心

一位媽媽經常輕柔的撫摸肚皮，並對著胎兒說話或講故事，結果發現胎兒會蹬著小腳回應。當孩子出生後接受各種事物的能力很強，對外界的新事物很感興趣。

案例二：常聽音樂的胎兒會欣賞音樂

一位媽媽自從有了胎動後，每天都在固定的時間播放優美的音樂或兒歌給胎兒聽。結果發現每次胎兒一聽到音樂就會很快的安靜下來，當音樂一停止就開始活動。

案例三：胎教能開發孩子的語言能力

一位媽媽每天和胎兒說話、講故事，結果發現經過這種「談話訓練」的孩子比其他同月份的孩子更早會講簡單的句子和對話。

案例四：與胎兒說話能增進父子情感

一位爸爸從胎兒 7 個月起，每天睡前都花 10 分鐘給胎兒講故事。結果孩子出生後對爸爸的聲音特別敏感，只要一聽到就馬上露出笑臉，很喜歡爸爸。

案例五：為胎兒唱歌能穩定胎兒的情緒，增添美好記憶

一對父母經常為胎兒唱催眠曲，結果發現這樣做可為胎兒提供重要的記憶。當寶寶出生後，聽到父母的歌聲就會側耳聆聽，若哭泣則會安靜下來。

胎兒閱讀的方式

必須是親子共讀

胎兒在子宮裡已具備記憶力，有明確的意識和情感，對想聽的聲音會有意識的仔細傾聽。父母可以多向胎兒訴說有趣的故事，幸福的記憶將深植胎兒心中，刺激他的腦部發育、語言與情緒發展，並有助於親子關係的發展。

適合胎教的繪本有很多，例如：《逃家小兔》以幽默俏皮的對話方式進行如捉迷藏般的語言遊戲，傳達出孩子尋求獨立又渴求母愛的心情；《因為有了你》

▶ 《逃家小兔》

作者：瑪格麗特‧懷茲‧布朗（Margaret Wise Brown）
繪者：克雷門‧赫德（Clement Hurd）
出版社：信誼

以生動有趣的線條呈現出輕快且巧妙的平衡感。這兩本繪本朗讀起來讓人感到既溫暖又滿足，能激勵孕期辛苦疲憊的親子。

透過感官進行的親子共讀

媽媽的聲音是胎兒最容易聽到的頻率，經由身體的共鳴和聲波傳導直達子宮。當媽媽把手放在肚子上，一邊感受孩子的存在，一邊說話時，彼此的心情也會跟著放鬆。適時的親子共讀有助於父母在孩子誕生後，更快的了解孩子的心理，有助於日後教養孩子。有兩本節奏輕柔流暢、適合共讀的繪本，可為想透過說話或講故事進行親子交流的父母提供幫助。

《謝謝你來當我的寶貝》的語言與畫風簡潔又純真，呈現了胎兒對誕生的期待。《有一天》用詩歌般精簡的語言，搭配柔美的繪圖，直白又天真的表達出母親對孩子濃郁的愛與誠摯的期盼，讀者會在朗讀中感受到愛與被愛所帶來的的感動。

一起迸馬路的時候，
你會緊緊抓著我的手不放。

▶《有一天》
作者：艾莉森·麥基（Alison MG Chee）
繪者：彼德·雷諾茲（Peter H. Reynolds）
出版社：親子天下

如何安排親子共讀

安排一段愉悅心情的時間

當媽媽愉快、放鬆時會分泌多巴胺、血清素、內啡肽[1]等快樂荷爾蒙，透過臍帶血流傳送給胎兒，引起胎兒的愉快情緒，促進其生長與增強免疫力。父母可以安排，在泡澡或喝下午茶時，聽聽有聲故事書或輕柔的童謠。

安排睡前故事時間

請爸爸一起參與，建立固定的睡前講故事的習慣，培養親密的親子關係。

讓胎兒察覺自己的出生受到期待

可以把手放在肚子上告訴胎兒：「你要健康長大喔，謝謝你來到我的身邊。」

媽媽與胎兒共讀的策略與技巧

- 從早安開始，將生活中的點滴說給胎兒聽。
- 說唱童謠、童詩時聲音富節奏、旋律並輕撫胎兒。
- 將繪本中的人、事、物詳細、清楚的以圖像化的方式描述出來。例如：描述書中太陽的顏色、家的形狀、主角穿的衣服等，讓胎兒融入故事描繪的世界中。

【1】 內啡肽（endorphin），又稱安多酚或腦內啡，是人體內自己產生的一類具有類似嗎啡作用的肽類物質。

說故事時的注意事項

- 定時講故事給胎兒聽。這會讓胎兒有一種安全與溫暖的感覺。媽媽若常反覆的唸同一個故事給胎兒聽，會讓胎兒的神經系統變得對語言更加敏銳。

- 選你認為讀著非常有意思、讓你感到身心愉悅的故事、童謠、童詩。唯有朗讀自己喜歡的繪本才能傳達出愉悅與享受的感覺。

- 講故事時要避免選擇過於暴力的主題和過於激情、悲傷的內容。

- 最好是父母共同參與，兩人隔天輪流為胎兒講故事。父母能藉由講故事的機會與胎兒溝通及互動。

Q 進行閱讀胎教時，有什麼繪本可以幫助我在不同的孕期，了解及想像腹中
胎兒的成長和變化，並且朗讀給胎兒或是家中其他的孩子聽？

A：生命的起源及孕育令人歡欣，神聖且值得期待。幼兒常愛問：「我從哪裡
來？」也喜歡把東西塞到衣服裡，假裝肚子裡有小寶寶的模仿遊戲，顯示他們
對於出生和性知識的興趣。父母該如何讓幼兒知道發生了什麼事，並且把相關
的知識傳遞給他們，會影響孩子的生命價值觀，甚至手足間的關係。可以把握
時機和孩子主動的聊，例如：家中有孕婦和準哥哥、準姊姊的，可以用懷孕主
題的繪本當成媒介進行機會教育。透過親子共讀，幫助孩子理解生命和性的概
念，並和胎兒開始建立情感的連結，一起等待和迎接弟弟或妹妹的成長和誕生。

　　《小寶寶要誕生了》是一本兼具科普知識與文學、藝術的繪本。文本以胎兒
第一人稱的視角，娓娓道出在媽媽子宮內發育成熟和出生的過程，優美且親切
幽默，能引發孩子的好奇與想像。故事從浩瀚的宇宙開始，帶領小讀者隨著精
子與卵子的結合，開啟了一個魔法般的生命旅程。

　　第一個月胎兒悄然無聲的穩健扎根在子宮裡，第二個月開始了心跳！第三個
月器官一一成形，第四個月以胎動昭告媽媽：「我在這裡！」接著還會和爸爸
媽媽玩性別猜謎遊戲，透過吸吮拇指安撫自己，直到頭下腳上的被推到子宮口
……小寶寶終於誕生了！讓小讀者們了解了胎兒成長的過程，以新奇讚嘆的眼

▶ 《小寶寶要誕生了！：胎兒在媽媽肚子裡的故事》

作者：埃琳娜‧莫蘭多（Elena Morando）
繪者：伊拉利亞‧法喬利（Ilaria Faccioli）
出版社：維京國際

光面對新生命的小勇士。

　　全書硬紙板帶圓角的紙質和結實的裝訂，禁得起小讀者來回的把玩和探索。色彩繽紛的插圖，呈現子宮內、外的兩條主線故事。不同頁面的背景除了媽媽，總有家人的陪伴，時而互相擁抱、時而演奏樂器、時而撫摸和安撫胎兒。最後小哥哥還幫忙媽媽去醫院待產和歡迎小寶寶的誕生，凸顯出他歡喜接納和主動幫忙的哥哥角色。此外，特殊設計的彈性球面，以及穿透的頁面裁切貫穿全書，隨著懷孕的月分，球面越變越大，恰與子宮內逐漸成熟的胎兒相呼應，讓小讀者具體了解胎兒在懷孕月分的大小，並且感知看不到的時間和生命變化。

　　親子共讀這個饒富情感與詩意的故事，不妨放聲朗讀，感受文字的旋律與節奏之美。可以透過書中小哥哥的行為表現、與父母的互動，和孩子聊聊做為哥

哥、姊姊的角色及心情，避免以說教的方式傳遞對於手足角色行為的期許。可以鼓勵孩子參照書中的訊息，說出對胎兒成長知識的疑問和感受。因為孩子的理解力和耐心有限，回答時請盡可能簡單、明確和具體。如果被問到與性相關的受孕問題也不要輕忽或應付，可以參考故事的開場加以描述，例如：相愛的爸爸媽媽決定生下心愛的你，爸爸的精子像一個小蝌蚪，游啊游的找到了媽媽的卵子，抱在一起成為小小的你，在子宮裡長大成熟，然後誕生。

0〜3歲
讓寶寶看書，會不會太早了？

如何引導 0 ～ 3 歲的寶寶進入繪本世界

　　近年來世界各地不遺餘力的推廣嬰幼兒早期閱讀活動，各種研究報告紛紛強調早期閱讀對嬰幼兒的成長與發展具有重要意義與必要性，繪本也如雨後春筍般不斷推陳出新。學齡前的嬰幼兒會閱讀嗎？孩子幾歲開始閱讀最恰當？嬰幼兒從閱讀中可以學習到什麼？該如何幫助嬰幼兒愛上閱讀？該如何選擇及應用適合嬰幼兒的繪本？

早期閱讀的成效

　　1992 年，英國發起了嬰幼兒閱讀贈書活動——「閱讀起步走」[1]運動，伯明翰大學的韋德和摩爾（Barrie Wade & Moore Maggie）兩位教授接受委託，針對第一批參加「閱讀起步走」的 300 個家庭做長期追蹤，結果證明參加早期閱讀活動的寶寶，比沒有參加的寶寶就學準備度高，且在數學、語文、閱讀與

【1】　1992 年，由英國公益組織「圖書信託基金」（Booktrust）發起的「閱讀起步走」（Bookstart）運動，是全世界第一個專門為嬰幼兒量身打造的大規模贈書活動。這個活動以免費贈書給育有嬰幼兒的家庭這種方式，提倡嬰幼兒即早接觸書籍，旨在讓每一個兒童都能在早期閱讀中受益，並享受閱讀的樂趣，培養他們對閱讀的終身愛好。

科學領域的學業成績，都超越同年級學生的平均表現，而 68%的孩子會將閱讀視為最喜愛的活動之一。因確認了越早閱讀越好及親子共讀的重要性，「閱讀起步走」至今都是由英國政府支持贊助的全國性嬰幼兒閱讀贈書活動。後來，各國也陸續加入這項活動，它成了全球性活動。以上成效顯示，鼓勵早期閱讀有下列正面影響：

- 閱讀不僅能增進寶寶大腦的語言能力發展，和寶寶描述與討論書本內容，他們觀察後得到的感覺、做出的反應，也能提升他們在社會、情緒、認知、審美、人際交往等領域的發展。

- 透過親子共讀時的模仿與學習，寶寶能學會閱讀的方式，並了解故事情節如何發展，熟悉從開頭、過程到結尾的敘事結構，這樣有助於寶寶建立邏輯思考的能力。

- 溫馨的親子共讀能增進親子的感情，並讓寶寶認為閱讀是件愉快、有趣又有價值的事，進而成為喜愛閱讀的終身讀者。

趣味探索是閱讀的起點

即使世界各地研究強調早期閱讀對孩子的重要性，但許多父母仍會質疑：小寶寶根本坐不住也不識字，為什麼需要閱讀？讓寶寶太早閱讀會不會揠苗助長？其實早期啟蒙式閱讀的作用主要是開啟孩子對閱讀的興趣、建立閱讀的習慣，並透過愉快的親子共讀增進親子關係，促進孩子各方面能力的發展。

當 3 個月大的嬰兒仰臥在床上，全神貫注的盯著布書上黑白的圖畫，他們正在閱讀。1 歲半大的學步兒忙著一會兒拋書本，一會兒拍打頁面上可愛的小熊

圖案，一會兒又翻開書本的折頁玩躲貓貓遊戲時，他們正忙著閱讀。對 0～3 歲的寶寶而言，閱讀的起點是自由與自發性的趣味探索。父母需做的第一件事就是為寶寶準備適齡的書，對還不識字的寶寶來說，用圖像說話的繪本是最好的選擇之一。此外，家庭是孩子第一個學習語言的場域，故事中的語言遊戲可以讓孩子能輕鬆自然的掌握語意。

共讀能培養孩子的邏輯思考能力及情感表達能力

瑞士發展心理學家尚‧皮亞傑（Jean Piaget）提出，0～3 歲的孩子會認為書中的人、事、物有生命，孩子可能會親吻對其微笑的寶寶照片，或拍打畫面中「可怕的」角色。例如：《走開，綠色大怪物！》中的大怪物。《走開，綠色大怪物！》這本書運用色彩鮮明的幾何圖形及鏤空剪裁，讓孩子隨著翻頁逐漸堆疊出具象的怪物面孔，然後透過發出重複句型的指令與連續的翻頁動作將怪物趕走。這樣的文本帶有朗讀節奏，

information BOOK

▶《走開，綠色大怪物！》

作者：艾德‧安柏利（Ed Emberley）
繪者：艾德‧安柏利（Ed Emberley）
出版社：維京國際

▶ **《猜猜我有多愛你》**

作者：山姆‧麥克布雷尼（Sam McBratney）
繪者：安妮塔‧婕朗（Anita Jeram）
出版社：上誼文化

大兔子有一雙更長的手臂，
他張開來一比，說：
「可是，我愛你這麼多。」

小兔子想：
嗯，這真的很多。

韻律感強，能讓孩子在閱讀過程，像施魔法將怪物趕走般，輕鬆的克服恐懼。繪本與一般認知或識字的圖卡不同，圖卡是以單點的方式認識一個字或一樣事物，而繪本的故事情節呈直線或多線的方式發展，閱讀時有助於刺激孩子的想像力，培養邏輯思考的能力。

　善於觀察的父母、有經驗的幼教老師及許多的研究專家都認為，當細心的成人以優質的繪本與嬰幼兒互動時，能促進他們各領域的發展及情感的交流。例如：當父母唸繪本給孩子聽時，能夠幫助孩子了解文字的意義與書寫方式、圖畫與文本間的關係，以及故事的起承轉合。在閱讀的同時，也能透過對角色的投射，幫助表達能力尚未成熟的孩子學習如何表達想法與感覺，例如：《小熊可可》，這本書就可以讓孩子將自我融入故事中。描述可可寂寞的待在百貨公司的櫃子上，渴望有人愛他並帶他回家，可惜他因為少了一顆扣子而遭受拒絕。

於是，可可展開了一段找扣子的冒險。故事中，可可的孩子氣、對愛及歸屬感的渴望，以及鼓起勇氣冒險的精神，激發了孩子的情感表達能力，描述了他們愛人及被愛的經驗。

另一個經典故事是《猜猜我有多愛你》，清新流暢的文圖感動人心，透過大兔子和小兔子的純真對話與情感表達，滿足孩子愛的需求。所以讓孩子看書一點也不嫌早哦！

進行一場愉快的親子共讀吧！

0～3歲孩子的啟蒙式閱讀，重點是過程愉快有趣，進而引發主動閱讀。以下提供一些提升親子共讀品質的建議。

❶ 親密的擁抱孩子，讓孩子依偎在懷中，享受舒適的閱讀過程。有研究表明，擁抱會促使人體分泌更多的催產素，壓力減少、信任度提升，產生安全感。溫暖的擁抱對嬰幼兒來說也是一種愛的溝通與保證。

❷ 以輕鬆愉悅的心情共享閱讀的樂趣，不要讓孩子覺得父母在「教」他們。

❸ 選擇孩子的精神狀態良好時開展共讀，也可以選擇一個固定的時段閱讀，例如：透過睡前的共讀儀式讓孩子放輕鬆及培養閱讀的習慣。

❹ 重複朗讀孩子喜愛的一些書，這會帶給他們滿足感與安全感，即使書本相同，孩子每次觀察、感受到的也會不同或更精熟。

❺ 第一次接觸某本繪本時，可以用「看圖講故事」的方式代替「朗讀」，注意不要跳頁，以免孩子對故事的進展感到困惑。

❻ 朗讀時放慢速度，與孩子共同欣賞每一頁的圖畫，並回應孩子的意見及對特

▶《胡蘿蔔種子》

作者：露斯・克勞斯
　　　（Ruth Krauss）
繪者：克拉格特・強森
　　　（Crockett Johnson）
出版社：上誼文化

定圖像的好奇。例如：仔細朗讀《胡蘿蔔種子》時，能感受到簡單重複的結構中具有一種節奏感，彷彿鼓勵著寶寶像主角小男孩一樣，即使再三遭遇挫敗，仍努力尋求獨立自主與建立自信。

❼ 閱讀時表現出對故事的興趣，並利用聲音表情來加強說故事的效果，描述的語詞可以豐富些，且隨著角色及情節的不同轉換聲調與音量。例如：《砰砰！蹦蹦！》由不同的逗趣角色輪番出場拍肚皮。文本富節奏感，適合喜歡重複音節、開始有意識的透過聲音變化及肢體動作玩語言遊戲的寶寶。可以抱著寶寶，模仿書中輕敲寶寶肚皮及呵癢的動作，提升寶寶對聲音及觸感的敏銳度。進階閱讀還可以欣賞由長谷川義史繪圖的《寶貝，快到我的懷裡來》，同樣是富有韻律節奏、朗朗上口，且畫風樸拙生動的繪本，更增添了親子間互動的描述，以及相親相愛的幸福感。

❽ 當孩子熟悉某本繪本後，可以讓他一起參與講故事，並預測下一頁會發生什麼事。例如：我們與孩子一起讀《小雞》這本書時，會發現，在一連串的疑問及驚嘆聲中，可愛的小雞現身了。正當寶寶欣喜於謎題揭曉時，牠卻「咚、

▶ 《小金魚逃走了》

作者：五味太郎
繪者：五味太郎
出版社：信誼

咚、咚、咚」的將寶
寶帶往第二個謎題去。
欣賞這個富玄機的溫
馨故事時，可以依照
詞性和語句的變化調整音調，並鼓勵寶寶模仿發音和對話。也可以指出圖畫
中趣味的設計和寶寶分享，或讓寶寶運用手指及目光跟著小雞腳下一路變化
的地平線找到母雞，訓練手眼協調的能力。另一本書《蹦！》有著細膩簡潔
的圖文與折頁設計，讓孩子依序以點名的方式認識不同的動物，並掀開折頁
模仿牠們「蹦」的跳起來，使閱讀充滿了期待與歡樂。而《錯了？》運用富
有節奏的翻頁效果，讓孩子在不斷的驚喜中挑戰直覺的判斷結果，透過對
比、預測及創意想像，培養孩子開放的思維。

❾ 描述親子共讀的過程，讓孩子清楚步驟及接下來將進行的活動，並提出問
題。例如：，請孩子負責拿取及翻閱《小金魚逃走了》，然後父母指著封面
說：「你看，小金魚在哪裡呢？」等孩子指出後，父母說：「哦，在這裡！

他周圍有好多玩具：球、積木……」、「小金魚為什麼要逃走呢？」、「讓我們一起翻開書，找一找小金魚要逃去哪裡吧。」進行的過程讓孩子有充分的時間觀察、思考及回應。

⑩ 先與孩子談談故事的因果關係及對其的喜惡，再將書中的人事物與孩子的生活經驗連結，並問他的想法與感覺，例如，共讀《抱抱》時，大人可以說：「喔，你擔心小猩猩找不到媽媽呀？」、「當你看不到媽媽時，會像小猩猩一樣著急或哭嗎？」、「你也和小猩猩一樣喜歡媽媽抱抱嗎？」

滑稽、幽默的《北極熊搬新家》用同中求異的重複 3 次模式，讓孩子在熟悉、可以預測的情節中，觀察別人和內省自己面對外來者的態度。主角 3 隻北極熊原本過著悠閒、平靜的生活，因意外成為海上漂流的難民。他們尋找新家時，遭遇了危險和被拒絕，最後千鈞一髮的尋獲了新家，並且熱情的歡迎其他的新移民。北極熊們善良、仁慈的特質，以及樂於共融的行為，和其他動物們的排他性形成了強烈的對比。畫面中放大的字體和擬聲詞增添了閱讀的趣味，幫助孩子學習特定的詞彙。父母可以問孩子為什麼北極熊們一直受到排斥？他們的感覺會如何？如果自己是北極熊該怎麼辦？

引導寶寶進入繪本的世界，就像領航者手把手的帶著寶寶進入多元且千變萬化的佳美之地。一旦寶寶找到了悠遊書海的方法與體會到探索其間的美好，將會主動且持續的沉浸在閱讀的習慣中而終身受益。

0～3歲
如何幫寶寶選擇繪本？

內容與生活經驗相關

　　「書本」是啟蒙寶寶閱讀的重要工具之一。適合寶寶的書除了能夠豐富寶寶的生活外，更能增進親子關係，進而啟發他們未來的讀寫能力。所謂適齡適性的選擇並非畫下一道絕對不准跨越的界線，只要繪本的內容是孩子所熟悉的，自然而然的會引起孩子的共鳴和興趣。因此針對0～3歲孩子的「認知理解」與「生理發展」，適合與吸引他們的繪本主題最好與寶寶的生活經驗相關，且聚焦在他們日常接觸的人、事、物上，例如：《女生的小馬桶》和《男生的小

information BOOK

▶ 《女生的小馬桶》《男生的小馬桶》
作者：愛羅娜・法蘭蔻（Alona Frankel）
繪者：愛羅娜・法蘭蔻（Alona Frankel）
出版社：維京國際

馬桶》透過媽媽親切的旁白與可愛的圖畫，將主角約書亞（男生版）和普魯丹絲（女生版）的生理構造，以及從小換穿尿布到學習使用小馬桶的失敗與成功的過程，連結到寶寶生活自理的主題上。

圖畫明確、文本簡單有趣、互動性強

此外，繪本的圖畫需具美感、清楚明確，讓寶寶容易辨認。故事該簡單、具有熟悉的概念與有限的頁數。富含擬聲詞、韻文與旋律節奏的文本最容易讓寶寶朗朗上口，如：《寶寶的肚臍在哪裡？》每一跨頁的左頁，有一句固定模式的問句，搭配右頁上的小折頁，組成了猜謎遊戲，鼓勵寶寶一邊朗讀，一邊練習手指操作，透過精細動作翻開折頁找答案。

《千變萬化的手》則以第一人稱描述手的功能。家長可先按照每頁的介紹為寶寶示範「推」、「拉」、「撓癢癢」的動作，並鼓勵寶寶參與互動「舉手擊掌」。接下來再引導寶寶跟隨指令一起做。

挑選裝訂、印刷與設計具安全性的繪本

為保護寶寶的安全須使用牢固耐用的裝訂、無毒的油墨與材料，書本邊角若處理為圓弧狀尤佳。基於寶寶小手的精細動作尚未發展成熟，尺寸較小的硬頁書最適合他們抓握、拿取與翻頁。如果是玩具書，比如布書、塑膠書必須經過有關部門檢驗合格，標有安全標誌才能確保安全無虞。以下針對適合寶寶的書的外觀與型式提出一些參考：

精裝書

長、寬各約 15 公分，封面及封底可用微溼布清潔的精裝書。封面的圖畫及書名吸引寶寶，有助於他們預測書中的內容。作、繪者名會標示在封面上，例如：《誰吃掉了？》。

硬頁書

這種類型的書由結實的硬紙板構成，書角切割成圓弧狀，而特殊的裝訂也禁得起寶寶來回翻弄和探索。長、寬各約 9 公分，厚 2.5 公分的尺寸最適合寶寶抓握及帶著走，例如：《好忙的蜘蛛》。

布書

可以清洗，觸感柔軟，禁得起寶寶拍、啃、咬、擠壓，例如：《小熊說故事》。這類玩具布書，必須安全無虞，經過經濟部標準檢驗局檢查通過，附有「商品檢驗標識」。

塑膠書

可以浸泡在水中，被擠壓不會變形，能當作寶寶洗澡及遊戲的玩具，例如：《我愛洗澡嚕啦啦》。

立體書、翻翻書等特殊設計的書

書裡的特殊設計，能訓練寶寶的精細動作或鼓勵他參與遊戲，例如：觸摸不

▶《 鱷魚怕怕牙醫怕怕 》

作者：五味太郎
繪者：五味太郎
出版社：上誼文化

同材質的頁面、可以打開而發現驚喜
的小折頁、能看穿下一頁的挖洞設計等，例如：《遊戲時間躲貓貓》。

挑選寶寶有興趣的繪本

　　如何決定為寶寶講什麼故事或分享哪一本書？請父母相信自己是最了解孩子
的選書專家，也可以參考以下方法。

　　將寶寶的發展情形、興趣、長處與成長階段的任務列入考慮，例如：提供「刷
牙」主題的故事給開始學習口腔保健的寶寶。

　　當了解寶寶喜歡哪些書之後，可繼續提供延伸閱讀廣度與深度的相關繪本，
例如：孩子讀了《一起刷刷牙！》，再用所附的牙刷玩具進行閱讀遊戲，建立
起刷牙觀念後，再介紹孩子《刷牙～刷～刷～刷》，在重複唸唱中建立起刷牙
的生活習慣。然後進一步提供《鱷魚怕怕牙醫怕怕》解除孩子對看牙醫的疑慮，
發展同理心。此外，如同牙齒保健手冊的《鼠小弟刷刷牙》以趣味生活化的方
式介紹孩子預防蛀牙的 5 個祕訣，包括蛀牙如何形成、牙刷與牙膏的選擇原則

以及正確的刷牙方式，能提供孩子具體明確的護牙指南。

　　一次不要提供給寶寶太多本書，以免寶寶因過多選擇而無所適從，3～5本較適合。父母可先行篩選後，再請寶寶從中選擇自己喜歡的，這樣有助於提升寶寶的閱讀意願及參與感。

檢閱繪本的步驟

　　首先將繪本從頭到尾瀏覽一番，感受整體的氛圍與易讀性。然後只看文本，欣賞其文學性。接下來仔細的閱讀繪本，注意文與圖之間的搭配。最後嚴格的檢視編輯與製作的部分，包括美術設計及紙張的質感。所選的優質繪本需符合以下幾點：

- 能有效的運用內容的形式及結構。
- 圖畫與文本一致且互補。
- 圖畫與文本具有動人的美感且符合孩子的程度。
- 圖畫與文本沒有刻板化的印象。
- 印刷品質與裝訂安全良好。
- 得到專業人士或機構的推薦。

　　舉例來說，《獅子該打針啦》和《獅子該理髮啦》是兩本以小獅子為主角的系列繪本，透過生動活潑的故事情節，幫助孩子克服對看醫生和剪頭髮的恐懼。這兩本書都展現了父親在親職教育中的重要角色，以及親密的親子互動。

　　在《獅子該打針啦》中，小獅子路卡需要克服對打針的恐懼，並成為妹妹露露的榜樣。獅子爸爸以循循善誘的方式和兄妹倆解釋就醫的原因和可能的情況，

▶ 《獅子該打針啦》
▶ 《獅子該理髮啦》

作者：任惠元（Hyewon Yum）
繪者：任惠元（Hyewon Yum）
出版社：小魯文化

好讓他們安心。這本書提供了一些輕鬆有趣的方法，幫助孩子建立良好的醫病關係，並養成定期體檢和有病看醫生的習慣。《獅子該理髮啦》則是一本關於如何尊重孩子的意願、培養主動的行為，以及自主判斷能力的繪本。獅子爸爸在書中以幽默逗趣的手法，展現了民主教養中，父子如何互相尊重與影響。

這兩本書的插圖都以色鉛筆描繪，活潑的線條和豐富的色彩，營造出溫馨的氛圍，讓孩子們更容易接受書中的教養訊息。透過閱讀這兩本書，孩子們可以學習到如何勇敢面對生活中的挑戰，並從中培養出自信和勇氣。

營造舒適的共讀時光

當選妥適合寶寶的優質繪本後，就可以準備和寶寶一同享受快樂的共讀時光了。親子共讀絕對是人生中一段美好的時光！對於寶寶未來的表現及讀寫能力

發展也有很大的幫助。與寶寶共讀時需要依照寶寶的年齡和個別差異做一些調整，以下有幾點訣竅可參考。

❶ 為寶寶準備一個舒適的地點，開心的共讀。在安靜舒適的環境中，用高低起伏的音調、臉部表情和肢體動作吸引寶寶。

❷ 讓寶寶自由選擇想要的書。提供 2 ～ 3 本適合這個年齡的好書，讓寶寶自己挑選。

❸ 為寶寶介紹書本。如果是玩具書，可先讓寶寶摸一摸、玩一玩，然後為其唸書名和作、繪者名，再透過圖畫和一些小提示，讓寶寶猜猜這本書在說什麼。

❹ 將書裡的圖畫連結寶寶的經驗。指著圖畫，和寶寶說說那是什麼，然後一起討論相同的經歷。

❺ 鼓勵寶寶說出或演出看到的內容。可以讓共讀經驗較多的 2 ～ 3 歲的寶寶開始練習「指物命名」（指著圖說出它的名稱）的遊戲，也可以讓寶寶表演內容及複述故事，訓練表達能力。

❻ 讓寶寶開始「暖身閱讀」。讓 2 歲寶寶練習憑記憶及看圖說故事的內容，就好像正式閱讀一樣。2 歲寶寶可以模仿父母假裝逐字逐頁的「讀」故事，偶爾也可以用手指一指字。

❼ 鼓勵寶寶表達對故事的感受。鼓勵感受力較高的 3 歲寶寶，說出對故事的感覺。父母也可以表現出對寶寶感受的認同。

　　舉例來說，《挖土機與毛毛蟲》是一群建築工程車和一隻毛毛蟲交朋友的故事。約瑟夫‧庫夫勒（Joseph Kuefler）用擬人化的方式，搭配輕快的節奏呈

現挖土機和其他大卡車們的生活與冒險，文本和圖畫都非常的簡潔、生動。幾何形狀、大色塊與機械化動作的大卡車們充滿了活力與個性，過著自律的生活。相較之下，意外進入他們生活中的毛毛蟲既渺小又缺乏紀律。基於好奇與友善，挖土機接納並悉心的照顧毛毛蟲，直到毛毛蟲蛻變成翩翩飛舞的蝴蝶。彼此也都發現了從未見過的自然美景和新朋友，學會了用不同的視角和心情看世界。

親子共讀這個故事，能夠感受到友誼的可貴、成長的喜悅與自然的奧妙，也能從故事中感受到施與受同樣的幸福！故事的後面也附錄了介紹蝴蝶生命週期的科普知識，能夠幫助孩子了解蝴蝶的蛻變過程。 以下是一些能夠增進孩子的理解力和親子感情的共讀建議。

閱讀前：可以先介紹什麼是挖土機、推土機等工程車，以及他們的功能和用途。也可以介紹什麼是毛毛蟲、蛹和蝴蝶，以及他們的生命週期和特徵。

閱讀時：可以指出書中的插畫細節，例如：挖土機的表情、毛毛蟲的顏色和形狀等。也可以和孩子討論書中的情節與主題，例如：挖土機為什麼要停下來保護毛毛蟲，他感受到了什麼？其他大卡車對挖土機的行為有什麼反應？毛毛蟲變成蝴蝶後，對挖土機有什麼意義？

閱讀後：可以和孩子分享自己對故事的看法與感受。也可以問孩子他們有什麼想法或問題。此外，也可以做一些閱讀的延伸活動，例如：到動物園的昆蟲館去觀察毛毛蟲和蝴蝶。

親子共讀越早開始越好，早期的閱讀經驗與學習不僅能為寶寶打下良好的基礎，也能培養寶寶終身的閱讀習慣。透過父母的投入與示範、運用優質的書本及閱讀方法可以成就親子「悅讀」，這無疑是父母送給寶寶最棒的禮物。

　　與孩子分享書本的好處很多，但從選書到閱讀分享的過程常面臨各種挑戰，例如：0～3歲寶寶的注意力短暫、容易分心等，父母必須順應孩子的發展、背景與興趣做調整，以下針對父母常提出的問題提供一些應對的策略。

Q 孩子看書時坐不住，一下子就不想看了或跑開，應該要堅持讓他讀完整本書嗎？

A：孩子注意力集中的時間較短，失去興趣時會不耐煩的推開書本或走開。此時不需要堅持孩子一定得把整本書讀完，更不要當孩子離開後，還持續的大聲朗讀，企圖吸引孩子回來，這樣會引起孩子對閱讀的反感。可以溫和的問：「下一頁還有有趣的故事喔，想不想再繼續看？」試著再引起孩子的興趣。如果沒有效果，就不要勉強，等孩子有興趣且注意力集中時間較長時再一起閱讀。

Q 如果孩子不喜歡看書，或看書時扭來扭去不專心，該怎麼辦？

A：的確有孩子對閱讀沒有興趣，但如果規律的將講故事與閱讀自然的融入他們的每天生活中，大部分的孩子都會逐漸喜歡閱讀。我們可以運用孩子喜愛的事物去引導他們，例如：提供給喜愛車子的孩子，車子圖冊或擬人化的小車子的故事。由於孩子多以感官遊戲來探索學習，也可以選擇一些能夠讓孩子一邊閱

讀，一邊做感官探索遊戲的書，例如：觸摸不同質地的書、嗅書頁聞香味的書、隨著押韻節奏來擺動肢體或唸唱的童謠書。

此外，一些包含了互動設計的繪本也可以吸引孩子的好奇心，例如：附加小折頁的書，可以鼓勵孩子打開折頁發現驚喜，玩躲貓貓與預測的遊戲。

Ⓠ 孩子喜歡把書倒著翻，或翻到某一頁就不肯往後翻了，該怎麼辦？

A： 早期閱讀的行為是需要學習的，透過模仿和經驗的累積，1 歲多的孩子普遍已經知道書不要顛倒拿，而且需要由前往後翻。如果孩子執意翻到某頁就停止，或每次只讀書中的幾頁，有可能是因為其中有特別吸引他的地方。你可以順著孩子所看的，問他問題或一起看圖講故事。這樣不僅能了解孩子所關心的，也能引起孩子繼續閱讀的興趣。

Ⓠ 孩子喜歡撕書，而且教不聽，該怎麼辦？

A： 孩子開始撕書常是因為無法掌握拿書的方式和翻書的力道，而撕書的動作及聲音也常會讓孩子覺得興奮，這時父母不宜有太激烈的反應，這樣會嚇著孩子。父母可以提供一些禁得起孩子來回把玩和探索的硬頁書、布書及塑膠書讓孩子練習翻閱。

此外，提供廢紙也可以滿足孩子對「撕」的需求。早期閱讀不僅讓孩子學習欣賞書本的內容，也包括學習閱讀與愛惜書本的方式。父母可以為孩子做正確的示範，例如：看完書要歸位、以膠帶修補撕破處，並告訴孩子書本要小心使用才能用得較久。如果孩子還是蓄意破壞，須以堅定的口吻告訴他，必須先將

這本書收起來，等他願意控制撕書的衝動，再一起分享。這也是孩子發展中需學習的行為規範。

Q 如果想分享一些母語以外的故事，該如何分享？

A：若以有趣的方式分享，會讓孩子愛上非母語的故事。我們可以用有適合的插圖和印有雙語的版本與孩子分享，並以道具、CD、故事有聲書 App 輔助。如果孩子熟悉了一個中文版的故事，再和他分享這個故事的其他種語言的版本，可以吸引他以嶄新的方式去認識這個故事，並感受不同的語言。

Q 如何在家中營造讓孩子喜愛閱讀的環境及氛圍？

A：可以把家人常在一起活動的地方，比如臥室或客廳的小角落，佈置成小巧溫馨，可以讓孩子自行取放書本的閱讀角落。地下鋪一塊小地毯，上面擺些抱枕及填充玩具，再準備符合孩子尺寸的桌椅、光線柔和的檯燈、錄音機、有聲故事書與童謠 CD、塗鴉用的紙筆、道具玩偶，以及擺放書本的小書架或籃子。盡可能讓孩子看得到書本的封面，並挑選孩子感興趣的主題，例如：看醫生、去動物園、玩遊戲等，並定期更換和補充。

家校銜接：媽媽，我去上幼兒園啦！
幫助幼兒紓解分離焦慮

　　上幼兒園代表孩子正式進入團體學習的階段，當孩子從熟悉的家庭環境與彈性的生活作息轉換到需要適應團體紀律、複雜的人際關係，以及達成學習目標的學校環境時，不論對孩子或父母都是一大挑戰。

　　幼兒的生活經驗與對事物的理解能力有限，繪本可以為孩子提供相關的經驗，提升孩子對學校的正面印象、增進學習解決問題及讀寫的能力。有不少與合作、分享、負責等相關主題的繪本，會探討此階段孩子面臨的成長課題，是提供給孩子「事先預習」的不錯的選擇。下面介紹幾本能幫助孩子適應幼兒園生活的繪本。

【動物寶寶上幼兒園】系列

　　根據美國《出版人週刊》（Publishers Weekly）統計，動物幻想類的故事最能吸引幼兒的興趣。這一系列繪本是以「十二生肖幼兒園」為背景，以神仙老師與 13 位可愛動物學生為主角，以學校日常事件為構想的趣味故事。每個角色都像具有不同特質的幼兒，面對問題的情緒反應與處理方法也不相同，很容易引起小讀者的共鳴。例如：《小兔找朋友》描述不願分享的小兔，只顧霸著球

▶ 《 娜娜的一天 》

作者：神澤利子
繪者：林明子
出版社：道聲

而拒絕與同學們玩，後來因一時的分神，球被小豬撿去了，於是開始一場玩具爭奪戰。這種情形常發生在幼兒園，因為孩子正處於以自我為中心的階段，喜歡強調什麼都是「我的」，對所有權的概念還不清楚。常聽他們大聲爭吵：「這是我的！」或「是我先拿到的！」即使成人耐心開導要輪流與分享，還是很難說服孩子。

《小兔找朋友》運用小折頁設計，讓孩子有機會設想如果面對問題，採取不同的解決方法將會如何。最後小兔與小豬發現停止爭執、一起玩球會比較有趣。幼兒需培養同理心與認同感，並發現自己的特長。這樣的故事結局令孩子感到滿意與安心，並鼓勵他們在團體中學習分享。

《 娜娜的一天 》

許多孩子除了對幼兒園的生活感興趣，也對父母何時接送自己，以及當自己在幼兒園時父母在做什麼感到好奇。《娜娜的一天》將娜娜往返家庭與幼兒園

▶《 我討厭去幼兒園 》

作者：長谷川義史
繪者：長谷川義史
出版社：維京國際

途中遇到的，以及在學校發生的軼事做了輕鬆有趣的回顧。在閱讀中，讀者彷彿跟著娜娜一邊哼唱兒歌，一邊度過了愉快的一天。其中一些有趣的情節，例如：娜娜與同學開心的玩扮家家酒、以稚氣又好笑的童言童語相互調侃，都很容易引起孩子的共鳴。此外，娜娜與鄰居的互動也將她的生活圈拉大，讓學校、社區與家庭自然的融入她的日常生活中。這種呈現方式有助於孩子認同自己不僅是家庭，也是學校與社區的一份子。

親子共讀時，可以請孩子透過娜娜的故事聯想自己的經驗，也可以請孩子回顧自己的一天，談談發生的事情與感覺。

《 我討厭去幼兒園 》

幼兒在與父母及熟悉的家庭環境分開時，很容易引起分離焦慮。有些孩子面對這樣的壓力會採取逃避、退縮或者破壞、批評的行為。《我討厭去幼兒園》，光書名就能引起孩子的好奇，翻開藍色前扉頁，孩子們井然有序的排列好一起

哭，模樣逗趣惹人憐！故事一開始，孩子們陸續的準備從家中出發，每個都重複的哭喊：「我討厭去幼兒園，我討厭去幼兒園，我討厭去幼兒園啦！」

為什麼哭呢？娜娜說：「我明明喜歡草莓，卻被分到桃子班，我討厭桃子班。」宗逸說：「我討厭回家前要跟大家一起唱歌。」緊接著 18 張可愛的面孔齊聚在幼兒園，一起委屈的哭喊：「我討厭去幼兒園，我討厭去幼兒園，我討厭去幼兒園啦！我只想跟媽媽在一起啦！」謎底揭曉，原來大家是捨不得和媽媽分開呢！

這本繪本表現出孩子面對分離時的情緒反應，並以不斷重複的句子吶喊出孩子內心的糾結，溫暖富朝氣的畫面彷彿鼓勵著孩子：「沒關係啦！沒關係啦！」情緒沒有對錯，但若一味壓抑，只會造成孩子的壓力。因此，共讀時可以請孩子大聲朗讀，抒發離家的擔憂，幫助孩子安心的融入幼兒園中。

《媽媽，今天是我第一天上幼兒園耶！》

從小呵護備至的孩子要上學了，許多父母都會煩惱他們是否得到了妥善的照顧，甚至還有父母會擔心孩子比較愛老師，產生了與老師競爭的心態。然而父母的態度對孩子有直接影響，如果父母對孩子的入學持樂觀態度，鼓勵並安撫他們，能幫助孩子有信心且充滿安全感的適應學校生活。《媽媽，今天是我第一天上幼兒園耶！》運用冷暖色調交替、主角身體的尺寸大小與表情肢體收放的變化，將孩子躍躍欲試的興奮心情與媽媽的憂心做明顯的對比。

共讀時可以選擇一些句子，特別的加強語氣，例如：

「媽媽，別擔心。我會沒事的，我都五歲啦。」

▶ **《媽媽，今天是我第一天上幼兒園耶！》**

作者：任惠元（Hyewon yum）
繪者：任惠元（Hyewon yum）
出版社：遠流

「媽媽，學校沒有那麼大。我覺得對我這樣的大男孩正合適。」

這樣可以提升孩子的勇氣與自信，並感受父母對他的關懷與支持。

親子共讀是增進彼此感情與了解的好機會，父母可以參考以上的建議，善用繪本及發問技巧引導孩子紓解情緒或預測故事的發展，例如：「如果小兔和小豬一直不肯相讓，結果會有什麼不同呢？」、「如果你在學校裡想媽媽，你要怎麼辦？」

讓孩子先沙盤推演問題的解決方法，並給予孩子支持與愛的保證，幫助孩子減低焦慮，安心的迎接幼兒園的生活。

Q 我的孩子愛發脾氣，尤其是在幼兒園，動不動就與人發生爭執，該怎麼辦呢？有沒有談如何幫助孩子處理情緒問題和練習社交技巧的繪本？

A：推薦運用這本繪本《愛發脾氣的美樂克》，善用控制情緒對策，處理孩子強烈的情緒。

　　怎麼又生氣啦？還是離她遠一點好了！情緒暴衝常造成我們交友的障礙，也會影響身心健康。《愛發脾氣的美樂克》的主角美樂克，是一座隨時會爆發的小火山，還好她的老師和寬容大量的同學們，一起幫助她排解情緒。擅長表現幼兒純真特質和生活細節的露絲瑪莉‧威爾斯（Rosemary Wells），在書中運用特殊設計的手工紙，拼貼出層次豐富，質感細膩的圖畫，讓小讀者除了欣賞美麗的幼兒園記趣，也能發揮同理心，學習掌握自己的情緒。

　　根據腦科學研究，每個人的情緒受到大腦的兩套神經系統控制。杏仁核對於各種感官訊息的反應迅速，能很快的產生情緒反應和情緒記憶。相較之下，大腦皮質的額葉需要一段時間，才能理性的想好回應情緒的方式和產生認知記憶。所以處理孩子的強烈情緒，光靠說教的效果不佳。以下提供一些控制情緒的對策。

● **模擬情境：**例如閱讀《愛發脾氣的美樂克》，和進行角色扮演的遊戲，可以讓孩子模擬角色的情緒，從中練習自我克制的技巧。

▸ 《愛發脾氣的美樂克》

▸ 《好玩碰一下，不行嗎？》

作者：露絲瑪莉・威爾斯（Rosemary Wells）
繪者：露絲瑪莉・威爾斯（Rosemary Wells）
出版社：小宇宙文化

- **觀察生理徵兆**：察覺自己情緒反應初期的身體變化，像是身體緊繃、臉色變紅。可以運用深呼吸或轉移注意力的方式，例如：像美樂克一樣的數數、想一些快樂的事……解除高度警戒的狀態，保持冷靜。

- **安排體能活動**：提供能引發正面情緒反應的體驗，尤其是團體合作的活動，例如：美樂克和同學們排成一排跳舞，讓孩子領悟控制自己的脾氣、信任別人，以及團隊合作的意義。

- **協商和調解**：支持孩子透過討論，說明自己的情緒和想法，也學習聆聽和尊重對方的反應，試著找出彼此的共識和解決問題的折衷方法。許多研究發現，讓情緒控制不佳的孩子有機會擔任調解者助人，能夠改善他們的行為。

Q 我的孩子在學校，總是喜歡去逗別人，造成別的孩子都不願意接近他。問他為什麼去逗別人，他總說不是故意的，或只是想和別人做朋友，這該怎麼辦呢？有沒有適合推薦親子共讀的繪本？

- 推薦運用這本繪本《好玩碰一下，不行嗎？》，讓孩子透過思考、模仿與討論，幫助他們練習社交技巧。

幼兒園的生活充滿了新奇有趣的事物，對於生活和交友經驗不足的幼兒是一種挑戰。《好玩碰一下，不行嗎？》將幼兒園的生活細節與場景表現的活潑有趣，仁慈聰慧的哈莫妮老師了解並接納每個孩子的特質，同時善用課室管理技巧來引導孩子的行為。她與孩子們訂下班規，鼓勵大家自動自發的遵守，並在保護彼此的權益下，互相的督促及幫忙。班上頑皮搗蛋的哈利，一早就亢奮的到處捉弄同學，即使受到處分仍無法控制自己！安全、友善、紀律分明的團體生活能有效的制約哈利的破壞行為，培養好習慣嗎？熱心體貼的師生們，如何利用民主會議和委以重任的妙方，幫助哈利學會尊重及幫助同學呢？

幼兒處於自我中心的發展階段，常會不自覺的出現一些行為偏差問題，影響交友及學習。故事中哈莫妮老師冷靜沉著、不過度的介入和調解孩子間的衝突，總是適當的給予導引和正增強，良好的運用了認知行為改變技術輔導孩子。親子共讀這本繪本，能透過思考、模仿和討論，幫助孩子聯想與捉弄有關的類似經驗，進而了解問題的原因、思考預防的方法，並進行「自我的內心對話」，重新架構孩子的認知思考模式。當孩子在師長的協助與鼓勵下，願為自己的行為負起百分之百的責任，並反覆的練習適當的行為，將能漸漸的以好的新行為取代不好的舊行為，解決行為問題。

孩子開始學校的團體生活，也面臨了更複雜的社會化過程，與人愉快相處的經驗會讓孩子感到滿足和有成就感。優秀的幼兒園提供了具結構性的時間表和活動，老師的身教和同儕間的互動也能幫助幼兒有意識的練習社交技巧。當孩子在幼兒園中獲得友情、認同與支持，將影響他一生的人際關係與自尊。

3～6歲
熱烈擁抱繪本的黃金時期

引導幼兒進入人文藝術與自然科學的繪本世界

　　美國兒童發展教育家凱茲（Lilian G. Katz）定義了幼兒發展與教育的 4 個要素：知識、技巧、性格與感覺。知識是透過感官、個人經驗與直接的教導所獲得的。技巧是透過練習學得的。性格包括了好奇心與熱情，是孩子觀察及模仿角色後內化的終身特質。感覺是在與情感相關的經驗中獲得的。舉例來說，幼兒學習認字需要知識與技巧，而喜愛閱讀的性格與過去接觸書本的經驗、感覺及氣氛有關。

　　那麼我們應該如何以繪本促進這 4 種類型的學習呢？首先須了解幼兒的發展特質與需要，然後提供他們經過篩選的適齡好繪本，讓孩子在社區、家中及其他的教育環境中與關愛他們的成人一起進行閱讀活動。以下從「繪本中的創意趣味性」、「繪本中的藝術性和文學性」、「繪本中的自然科學性」3 個面向，舉例說明如何運用繪本促進孩子的知識、技巧、性格與感覺。

繪本中的創意趣味性

　　3 ～ 6 歲的幼兒對知識的學習及人們的動機感到有興趣，喜歡玩角色扮演的

▶ 《瑪德琳歡樂聖誕節》

作者：路德威‧白蒙（Ludwig Bemelmans）
繪者：路德威‧白蒙（Ludwig Bemelmans）
出版社：韋伯

遊戲，對滑稽幽默的事物特別感興趣。在好奇心的驅使下，孩子喜歡聽和自己不一樣或神奇有趣的故事。例如：《瑪德琳》。主角瑪德琳就讀一間巴黎的寄宿學校，因為盲腸手術住院而得到許多關懷，並收到很多禮物，成了同學們羨慕的對象。這個故事情節童趣可愛、輕鬆有趣，12 個小女孩呈現的完美秩序及可預期的韻文令人難忘。幼兒在閱讀中能了解繪本的結構具重複與節奏性，並察覺文學的內容、形式與結構的特性。

　　一旦幼兒對特定角色及繪本風格產生興趣及認同後，將非常樂意閱讀相關的系列作品。因此，可以再介紹融合了魔幻色彩的《瑪德琳歡樂聖誕節》讓孩子繼續閱讀。故事中瑪德琳不改樂觀、自信，且活力四射的特質，她扛下照顧所有生病的師生及魔法師的責任，並促成孩子們坐著飛毯飛到爸媽身邊一起過快樂的聖誕。

▶ 《Guji Guji》

作者：陳致元
繪者：陳致元
出版社：信誼

鴨媽媽教小鴨們游水、跳水和鴨子走路。

Guji-Guji 總是學得最快最好，而且長得比其他小鴨還大班社。

　　在多元的文化方面，《環遊世界做蘋果派》帶著讀者到世界各地收集最適合製作蘋果派的材料，認識製作派的過程，並隨心所欲的想像及欣賞各國文化的特色與風貌。《我的城市是什麼顏色的？》也是一本啟發孩子以創意的眼光看世界，找出自己所在的「城市」與「顏色」間關聯性的好書，引導他們重新審視與思考這兩種元素帶給自己的意義與感受。

　　此外，由於幼兒對於自我定位及人際關係的發展渴望探索，他們還需要一些談情緒管理及人際交往的書。

　　《Guji Guji》將親情、接納多元與自我認同的概念以幽默諧趣的方式生動表現。生長在鴨群中的鱷魚 Guji Guji 接收到全家滿滿的愛，從未懷疑過自己的身分，但自從3隻教唆他聯合吃掉鴨子家人的鱷魚出現後，他經過了自我探索與角色定位的掙扎，最後以獨到的見解及機智趕跑敵人，保護了家人，令人為蛻變成「鱷魚鴨」的他歡欣喝彩。《露露的菜籃》講述的是因樂善好施而獲得美好友誼的故事。家中已沒有食物的露露特地擬好清單去菜市場買食物和鮮花，

▶ 《月亮晚安》

作者：瑪格麗特‧懷茲‧布朗（Margaret Wise Brown）
繪者：克雷門‧赫德（Clement Hurd）
出版社：上誼文化

但在回家路上陸續的將食物分享給需要的朋友們，結果僅剩的獼猴桃根本無法讓她充飢。然而，所有接受過她分享的食物的動物們都拿著食物來找她聚餐，這讓露露覺得好幸福！

繪本中豐富的文學性和藝術性

　　這個階段是孩子累積語言及文字能力的重要基礎期，他們喜歡以問話或對談方式探索語言的使用，喜歡欣賞押韻的文本，並對日常生活中常見的文字感興趣。這個階段教幼兒學習讀寫時，請不要量化成「句法變化」及「字彙多寡」的訓練，應盡量讓幼兒在豐富多元有趣味的文學體驗中自然的吸收和消化。

　　一本好繪本是增強文學、藝術修養與美感的最佳媒介。在語言方面，文本內容須富有想像力，充滿驚喜，朗讀起來具節奏與韻律感。在敘述方面，以說話給讀者聽的口吻及描述經驗的方式傳達較能引起孩子的興趣與共鳴。既可以透

▶ 《小藍和小黃》

作者：李歐‧李奧尼（Leo Lionni）
繪者：李歐‧李奧尼（Leo Lionni）
出版社：上誼文化

在學校裡，他們整整齊齊的排排坐。

放了學，他們就又跑又跳。

過角色的對話向讀者說，又
可以透過一位具有同理心的
說故事人來說。例如：《月
亮晚安》。故事中的主角小
兔子與室內的東西一一道晚安，語言富旋律、抑揚頓挫，活化了讀者的思想並
創造了影像，而不只是將已呈現的圖畫以文字標明出來。

在藝術表現方面，圖畫應以一種富於表情的方式呈現，圖畫與文本就像一首
優美歌曲的旋律與歌詞，彼此互補、共同作用產生出具有藝術性的作品。圖畫
應添加一些文字以外的細微意義、見解與氣氛，能夠延伸故事的內容與外在。
例如：《小藍和小黃》運用了色彩豐富的幾何色塊、轉換視角與距離的空間設計，
以及創意的文字闡明了這種結合，邀請幼兒經歷想像的探索遊戲。《巴黎的獅
子》中，獅子從一位外來客的角度去看及感受這個陌生的城市，並獲得自我認
同，最後決定定居下來。圖畫所呈現的除了真實的巴黎景色，還有作者以童稚
的眼光所詮釋的巴黎。他善用繪畫與拼貼藝術表現細節，並將構圖與空間重組，

《巴黎的獅子》

作者： 碧翠絲・阿雷馬娜
　　　（Beatrice Alemagna）

繪者： 碧翠絲・阿雷馬娜
　　　（Beatrice Alemagna）

出版社：米奇巴克

使畫面彷彿一首繽紛的交響曲，美麗又詩意。此外，《如果你給老鼠吃餅乾》圖文幽默可預測，具有藝術的形式，超越了提供信息、娛樂及釋放情感的功能。

繪本中的自然科學性

　　幼兒對自然科學非常好奇、極欲探究，且會有打破砂鍋問到底的態度。現階段他們的抽象推理能力薄弱，介紹的主題應以幼兒在生活周遭所能接觸到的具體事物、物理與化學的現象為主。

　　例如：植物、太陽、動力、磁力、身體變化，以及會對地球造成威脅的因素等。介紹的媒介包括故事類與非故事類的繪本，非故事類的知識性繪本能提供系統化的知識及圖表，一目了然，容易比對與參照，例如：《鳥巢大追蹤：50 種鳥巢內幕大公開》，介紹了 50 種鳥及他們的巢，以寫實、細膩的生態圖將鳥巢的造型、材料及地點清楚剖析，文本的敘述與編排易讀易懂，兼具科學與視覺美

感。《生物及棲息地系列：哺乳類動物》，運用在哺乳類動物棲息地實際拍攝的照片，介紹牠們的覓食活動與生理構造，美觀清晰。《動物眼中的世界》是本大開本的科學圖冊，翻開折頁上的動物眼睛，就展現出牠們眼裡的奇妙世界，讓孩子跳脫人類的中心思想，用不同的角度去欣賞大自然的美麗與遼闊。

故事類的繪本能將自然或科學的主題帶入生活中演繹，具吸引力且容易理解，例如：《蘋果園的 12 個月》，透過果農與姊姊及侄子的通信，描繪出一年四季栽種蘋果的過程，包含了果農對土地的深厚感情，也清楚的將蘋果如何成長的知識傳達出來，附錄對種植的細節與果農內心的感想做了更進一步的說明。

《池上池下》以麻斑晏蜓的一生為主軸，串連起池上池下的生態，透過細膩寫實及充滿光影變化的圖畫，帶領讀者微觀細品池上池下的生命故事。這本生

▶ 《鳥巢大追蹤：50種鳥巢內幕大公開》

作者：鈴木守
繪者：鈴木守
出版社：遠流

▶ 《動物眼中的世界》

作者：紀堯姆·杜帕（Guillaume Duprat）
繪者：紀堯姆·杜帕（Guillaume Duprat）
出版社：上誼文化

▶ 《池上池下》

作者：邱承宗
繪者：邱承宗
出版社：小魯文化

態繪本有別於圖冊，蘊含詩意且為生命謳歌。附錄的蜻蜓觀察筆記及物種解說提供詳細的生物小百科。《野鳥有夠酷》及《野鳥會躲藏》，以詩意諧趣的語言及純美的畫面介紹各種野鳥的生態。《我看見一隻鳥》以一個對野鳥充滿好奇的小女孩的視角，引領讀者一路認識了臺灣藍鵲、紅嘴黑鵯、黑冠麻鷺。其中自然觀察的筆記、親子探索知識的對話，生動的呈現了將近30種野鳥的生態。

自然科學的繪本不僅能啟發孩子的認知、想像和創造力，也能讓他們探索和學習聯合國永續發展目標（Sustainable Development Goals，簡稱SDGs）。例如：《媽媽我等你回家》以擬人化的手法敘述了皇帝企鵝在極端氣候下如何繁殖下一代的故事。這本書的主題和訊息與聯合國永續發展目標SDG13：採取緊急行動，對抗氣候變遷及其衝擊，以及SDG14：保護和永續利用海洋和海洋資源，促進永續發展，有很大的關聯。透過書中對南極皇帝企鵝生態的描繪，孩子可以了解氣候變化對生物多樣性的影響，並體認保護海洋生態系統的重要性。

3～6歲 如何幫孩子選擇繪本？

目前針對幼兒設計的繪本非常多，每年各國也不乏有許多新的繪本問世，但經典繪本的名單卻相對變動不大。由此可見，好的繪本具有歷久不衰，令人難以忘懷的魅力。作者和繪者想要創作出一本最佳繪本並不容易，那麼我們要如何為幼兒選擇最佳的繪本，選擇評價的標準又是什麼呢？

曾擔任美國繪本最高榮譽凱迪克大獎（Caldecott Medal）的評審團主席芭芭拉・姬芙（Barbara Kiefer），美國兒童文學專家索伊爾（Walter Sawyer）與寇摩爾（Diana E. Comer），以及利奇・布朗（Lynch-Brown）與唐里森（Tomlinson），都曾提出一些有關繪本評量的標準，有助於我們判斷繪本的品質是否優良，做為幫助幼兒選擇好繪本的參考。

主題貼近幼兒的身心發展和生活

給孩子挑選繪本還要考慮以下方面：其主題是否具有正面、勇敢、善良、幽默等美好價值？是否能讓幼兒理解某些事物或問題，並且能夠吸引他們的興趣？處理問題或挫折的方式是否適切？符合這些條件的繪本有《讓路給小鴨子》。故事中，野鴨馬拉夫婦遍尋適合撫養孩子的地方，最後終於找到了與自

然和諧兼容的波士頓公園，且在警察的幫助下，越過馬路抵達了位於公園池塘中小島上的新家。這本書特別的是，馬拉先生與家人暫別時，曾承諾會迅速安全的歸來，而他也確實做到了。這本經典繪本在美國出版時正逢世界大戰期間，並廣為流傳，給予了世界各國讀者精神上的安慰。

在《大象艾瑪》中，色彩繽紛的大象艾瑪是象群中的開心果，可是他並不快樂，因為他不像大家是灰色的。有一天他悄悄的將自己染成灰色，但總覺得哪裡不對勁，後來朋友們發現了他喬裝的祕密，決定每年都要舉行「艾瑪節」，一起進行化裝遊行。這個令人開心的故事鼓勵孩子接納自己的與眾不同，並且學會彼此關懷體諒。

《九色鹿》不同於以上兩本繪本，是以失信與貪婪的報應反向傳遞正直與善良美德的原創繪本。這個寓言描述的是一位採藥人為延續皇后的美貌，被派到森林採藥，途中遇險被九色鹿救起，不料採藥人未信守承諾，反而恩將仇報引來災難。由林秀穗創作的《九色鹿》這本繪本以類黑色剪影插圖風格展現優雅與神祕的古典氛圍，提供了孩子用嶄新的角度欣賞民間傳說的機會。此外，由保冬妮創作的《九色鹿》，是以印度風格的詩話語言融合了華夏思想的哲理，將這個源自印度佛教的神話故事表現得充滿智慧思辨與情感體悟。可以同時提供孩子這兩種版本，比較及體驗閱讀相同的故事、不同的圖文詮釋後的心得。

《不萊梅的音樂家》也是民間故事，源自德國格林童話。布萊恩‧懷德史密斯（Brian Wildsmith）以絢麗斑斕的色彩揮灑出充滿野趣的鄉村風光，以幽默生活化的方式將遭遺棄的驢子、狗、貓、公雞表現得積極、樂觀且勇於追求夢想。最後 4 位主角智勇退敵，從此過著幸福快樂生活的結局更是令人讚賞。

情節明確、具有說服力

明確、具有說服力的情節能夠引起幼兒的閱讀興趣，提升幼兒的理解力與解決問題的能力。故事一開場即吸引幼兒的好奇和興趣，以應幼兒短暫的注意力。故事的中段，矛盾衝突或問題應更明確，讓幼兒的情緒更投入。故事的結尾需包括高潮與問題解決的情節。

《子兒，吐吐》就是這樣的書。班上一隻臉特別大的小豬胖臉兒第一個吃完木瓜，並將子兒也全部吃光了！這讓同學們議論紛紛，有人說他會死掉，有人說會長樹……這些議論讓胖臉兒的心情起伏。原本他憂心忡忡的哭泣，但隨即快樂的想著在頭上長樹的好處，還匆匆趕回家為長樹做好準備，結果睡了一覺醒來發現沒有長樹，胖臉兒又不開心了！故事高潮迭起，充滿趣味，而且與孩子的生活經驗緊密結合，激發了孩子的好奇心與創意想像。胖臉兒樂觀且能自我安慰的特質鼓舞讀者：凡事朝正向思考、勇敢面對。

《諾頓與愛模仿的大熊》是一個強調自我與眾不同，以及創新的故事。主角

▶ 《子兒，吐吐》

作者：李瑾倫
繪者：李瑾倫
出版社：信誼

諾頓因穿了一件特別的毛衣而覺得自己無與倫比，但大熊卻模仿他的穿衣風格，引發了衝突。這本書的圖像清新、可愛，淡雅的水彩、生動的線條描繪出歐式風情的場景和充滿生命力的鮮活角色。纖細的狗諾頓和壯碩的大熊，無論在體型或性格上都呈現明顯的反差，使得他們即使裝扮的完全一樣，也看來極為不同。親子共讀這本繪本有助於提升孩子的社會情緒發展和人際關係，並且幫助孩子客觀的評價自己，了解唯有真正的欣賞自己，才不會隨意的模仿別人而失去自我。

角色性格鮮明，具有真實感

角色塑造具有真實感，性格令人難忘，能讓幼兒與角色產生情感連結。角色的特質在整本書中也須保持一貫性，不會因事件、經驗失去了原本的個性。例如：《田鼠阿佛》。當田鼠們忙著收集食物準備過冬時，只有阿佛收集陽光、顏色和字。結果阿佛將他的收集創作成美好的詩陪伴大家愉快過冬，阿佛忠於

▶《田鼠阿佛》

作者：李歐・李奧尼（Leo Lionni）
繪者：李歐・李奧尼（Leo Lionni）
出版社：上誼文化

興趣且充滿自信的性格讓自己成了詩人。這個故事讓孩子明白不同的努力與自我認同能夠帶來歡樂。

《胖石頭》中，可愛的小豬只想在舞台上扮演稱職的配角，即使親朋好友對他有不同的看法與期待，小豬仍秉持自己的信念並努力完成。故事將孩子的想法與希望輕鬆有趣的展現出來，並強調天生我材必有用，對支持、鼓舞孩子具有正面影響。

文字流暢易讀，圖像及設計富含創意

豐富多樣、優美、富創意的圖像及流暢易讀的文字，能夠反映出故事的氣氛。例如：《牆壁裡的狼》。這個故事帶有緊張與懸疑的色彩，繪者運用不同的字體（標準印刷字體、大小不一的潦草手寫字、雕刻字體）來表現情節的起伏，並透過將字體反白或反黑，甚至用線框將對話框起來放在圖畫之間的方式，來加強故事及圖畫的效果。

《我的城市會說話》是一本充滿詩意且強調社會共融精神的繪本，透過視障的小女孩與父親前往戶外演奏會的經歷，引領孩子透過各種感官去體會城市的美好。小女孩除了使用白手杖，言行舉止或人際互動都與明眼的孩子們沒什麼不同。她不依賴視覺，而是透過仔細的聆聽，以及用心感受去認識她的城市。在小女孩的心中，城市是個有機的生命體，有時會匆忙前進，有時會耐心等待，有時會輕吟叮咚叮咚，有時會怒吼鏗隆鏗隆！而有時也會玩耍或工作，表現出城市的多元風貌，也反映出小女孩和這個生命體間深刻的情感連結。

充滿層次感與朝氣的圖畫，採用活潑亮麗的拼貼藝術，凸顯出城市的摩登與

▶ 《市場街最後一站》

作者： 馬特·德拉佩尼亞（Matt de la Peña）
繪者： 克里斯汀·羅賓遜（Christian Robinson）
出版社：小天下
Illustrations copyright © Christian Robinson

多樣性。父母可以先為孩子朗讀文本，感受詩性和刺激創意想像，接下來觀察文圖互補的巧妙和細節，鼓勵孩子用視覺和其他的感官一起欣賞和愛護自己的城市。

故事背景讓幼兒有熟悉感

　　背景除了故事發生的地點、時間，也包括了會影響道德觀和社會風尚的環境文化特性，以及人物的生活方式。紀實性的作品背景應該正確，而非紀實性的作品可以充滿想像力。如果書中描述的背景對幼兒來說是陌生的，不應讓他覺得難以親近；如果是幼兒熟悉的，可以發揮創意，帶著他用嶄新的眼光去看。例如：《市場街最後一站》描述的是小傑跟著奶奶坐公車到貧民區擔任愛心廚房志願者的故事。奶奶一路帶領小傑以溫暖、嶄新的眼光觀察周遭的人事物，即使到了髒亂的目的地，小傑仍能體會到貧乏背後的美好與祝福。《外婆》這個故事講述的是，小女孩與外婆共同遊歷紐約曼哈頓這個充滿活力與新奇的大

都會時，一同回顧外婆從西班牙移民來美的經歷。其中充滿了溫暖的親情，以及家族傳承和文化交融的精神。

圖畫細節與文本配合並互補

繪本的主視覺是圖畫，除非特殊設計，所有的細節須與文本配合一致，所表達的氣氛須與文本互補。透過圖與圖之間的銜接，推動故事的進行，烘托故事的氣氛，營造情緒，釐清信息及豐富故事的內容。

例如：《影子》，作者運用拼貼藝術來製造光影的對比、顏色的變化，並營造一種神祕多變及詭異的氛圍。在文本方面，散文式的詩句賦予了故事多重的意義與情境，提升了圖畫的意境之美。

《帽子》饒富平面設計的美感，透過「帽子」自主的穿梭在頁面間，流暢、幽默的表現了勇於實踐夢想及困境中自有解決方法的精神。故事和畫中的細節都充滿了對現實生活中慣性思維的挑戰與隱喻，開放性的結局鼓勵孩子進行思考與提問。此外，以黑白素描、些許淡彩描繪雨天裡親子趣味問答的《下雨天》，在反覆的劇情模式中產生一種節奏感，線條的細微變化及想像力的恣意發揮，激發了孩子的好奇心與創意。

文本內容避免偏見

為小讀者選書，還需考慮圖畫與文本中有沒有傳達對種族、民族或性別角色的刻板印象。要注意的是，女性角色並非總是消極而被動的，單親家庭並非就等於不幸福。此外，當介紹另一種文化給幼兒時，應該強調人類共通的情感、

▶ 《了不起的妳》

作者：瑪莉‧霍夫曼（Mary Hoffman）
繪者：卡洛琳‧賓區（Caroline Binch）
出版社：小魯文化

動機與經驗，而非強調彼此的相異處，甚至讓幼兒對某種文化有一種怪異、不適當的刻板印象。我們在選擇涉及這些主題的書時，可以參考以下例子。

《了不起的妳》書中，小女孩葛莉絲透過自己的天分、努力及家人的鼓勵，打破了種族與性別的刻板印象，出演了一般人認為只有白人及男孩才能演出的角色——彼得潘，並獲得大家一致的肯定與讚賞。

《馬背上的女圖書館員》是根據美國 20 世紀經濟大蕭條時期發生的真實事跡改編的。當時進行了「馬背上的圖書館項目」，由圖書館員騎著馬或騾子將圖書帶入偏鄉，提供免費的借閱服務。而主要執行任務的都是那時被認為只能負責家務的女性。她們克服各種困難，透過圖書散播幸福的種子與光明。

《珊珊》的主角是一位外貌及生活經驗與一般孩子相似的活潑女孩，她會唱歌、跳舞、做惡作劇，會高興、害怕等等。透過畫面巧妙的安排，讀者看到最後一頁才會發現珊珊需要坐輪椅，這時搭配文字閱讀：「這就是珊珊全部的樣子，和我一樣，也和你一樣。」讓孩子警覺到珊珊是一個獨立完整的個體，這點不會因她有特殊的需要而改變，也不該對珊珊投以異樣的眼光或態度。

《路易》也是以一位特殊孩子為主角。路易的外表看不出有任何殘障,但他在人際關係與情緒控制上常遇到困難。當蘇西與羅貝多演偶戲時,路易忘情的衝到台前與戲偶對話,且不管其他觀眾的反應。這樣的突發狀況原會引起大家對路易的排擠或恥笑,但蘇西與羅貝多以包容與智慧,安撫了路易,且偶戲後還與他分享心愛的戲偶。共讀與討論這個故事可以幫助孩子了解與接納在社會情緒或心智上有特殊需要的人們。

高品質的印刷和裝訂

高品質的印刷包含對紙張、油墨、分色、製版、安全及印刷品質的控管。高速彩色印刷技術的進步使印刷出來的繪本賞心悅目,讓一些繪本更具有藝術作品的品質。《夜色下的小屋》利用黏土刮畫的技法表現出如素描般的細緻與優雅,黑白色調中精準套色的金黃色彩恰如其分的點出童謠的詩意與家庭的溫馨舒適。此外,還有一些利用科技,比如語音晶片讓幼兒能夠欣賞音樂的繪本,例如:《帕可好愛韋瓦第》。

榮獲獎項或專業推薦

與幼兒文學相關的專家學者,如教師、圖書館員、編輯、作者、繪者、書評家等,會依據專業的知識背景、與幼兒互動的經驗,以及童書市場的反應評析繪本的優缺點。

除了以上有關繪本評量的標準可幫我們判斷繪本的優良與否之外,現今有許多公共資源,例如:圖書館都收藏許多優秀的幼兒繪本供讀者借閱,管理幼兒

繪本的圖書館員也能提供許多有關繪本的諮詢。許多縣市圖書館也積極的推動啟蒙閱讀,如贈書、講座,以及一對一諮詢等活動,我們可以多走進圖書館,好好利用這些資源。

此外,網路上有豐富的資源,大家可以上網搜尋兒童閱讀相關的網站,或是查閱已出版的繪本評論。父母或老師也可以試著每週從圖書館借閱一些繪本與幼兒分享,透過互動與觀察,了解孩子到底喜愛哪些繪本。幼兒長期接觸優秀的繪本,會逐漸培養出鑑賞好繪本的品味,自然而然就會選擇好繪本來閱讀。

　　3～6歲這個階段的孩子身心發展迅速，學習的動機及興趣變得更強，並發展出個人明顯的喜惡與嗜好。父母除了需提供孩子學習的機會與幫助之外，也需在情緒上給予完全的支持與肯定。孩子共讀的問題常集中在學習與情緒的調適上，以下幾點請參考。

Q 孩子每次都要求爸媽讀同一本繪本，這樣是否正常？為何會如此？應該鼓勵還是拒絕？

A：孩子跟大人一樣，有時會很喜歡某本書而反覆閱讀，而每次閱讀可能都有不同的收穫。他們這次可能看到了單張圖像的細節，下次可能看到了上下頁圖像間的關係。透過反覆閱讀，孩子會更加了解一本書。例如：拿著書一邊翻開，一邊自問自答且露出自信的笑容。這種獨立閱讀行為可能是模仿親子共讀時的模式，加上自己反覆探索的結果。當孩子面露悲傷的看著談論死亡的童書時，可能是已閱讀過這本書幾次，才能適切的對死亡及緬懷產生深刻的感受。還有一種可能的情況是，孩子對接觸新事物的態度較為保守或排斥，所以只喜歡讀熟悉的繪本。如果是這樣，父母可以讓孩子反覆閱讀喜歡的繪本，再從中找出原因。例如：發現孩子特別喜歡車子，可以引導他閱讀與車子相關的繪本，或者車子的圖冊與百科書、將汽車擬人化成主角的故事書、與車子有關的童謠與

詩歌。所以可以鼓勵孩子反覆閱讀喜愛的書籍。

Q 用得獎繪本製作成的動畫片，或由著名童書改編的電視節目和影片來取代繪本閱讀，可以嗎？

A：觀看繪本的視覺體驗與觀看動畫、電視節目和影片是不同的。觀看繪本是一種「主動」按照自己的意識及步調去仔細讀圖及融入其中的過程。孩子在閱讀繪本的過程中，快慢自如，在反覆翻頁與文本對照中，進行自我對話，並抒發情感。一旦靜態的圖畫提供了孩子想像的機會與線索，整個故事就鮮活了起來。

相較之下，孩子看動畫與電視節目，是「被動」接受畫面與聲光效果的體驗。這會影響幼兒學習的習慣、能力與專注力。父母可以多給孩子提供紙本閱讀，讓孩子沉浸在主動閱讀、仔細鑑賞創作者的風格及自發性提問與省思的過程。

Q 孩子自己看繪本與父母陪讀繪本，這兩者有不同的效果嗎？為什麼親子共讀很重要，孩子自己看不行嗎？

A：親子共讀時，父母與孩子會親密的依偎在一起，從肌膚接觸帶來的溫暖及安全感，到說說唱唱的愉悅氣氛，都能促使孩子喜歡閱讀，進而培養閱讀的習慣。如果總是讓孩子獨立閱讀，可能會讓他缺乏動力或耐心，所讀與所想可能侷限在某種程度上。如果是親子共讀，父母可以提醒孩子沒有看到或想到的細節，並透過討論與問問題提升孩子的學習與心得。除了親子共讀，當然也可以鼓勵孩子獨立閱讀，再和他聊一聊閱讀的內容與感想，這會有效提升孩子對閱讀的理解、興趣與專注力。

Ⓠ 如果講故事時，孩子一直插話或打斷故事，該怎麼辦？

A：3～6歲的孩子正處於發展自我概念的階段，許多思想和行為都會以自我為中心。他們對已知的事物或經驗，有時會以干擾或破壞的行為來獲得別人的注意或肯定，在繪本中發現一些已熟悉的內容或許就會出現類似行為。這種情形表示孩子可能已經與故事產生連結，或想自我表現。父母可以先簡單的回應及感謝孩子提供想法，然後建議他繼續聆聽接下來的內容，或請他參與一起講故事。等講完故事後，針對孩子所提的意見再做較深入的互動。

Ⓠ 家中有兩個小孩，與他們共讀時，常發生姊弟互相爭執的情況，該如何解決呢？是選擇適合姊姊，還是適合弟弟的書來共讀呢？

A：家中有一個以上的孩子，意味著許多事必須分享或輪流，不同年齡的手足在認知發展或興趣上不盡相同。親子共讀時，父母可以與孩子們一起共讀，享受彼此分享與閱讀的樂趣，選用的可以是童謠、遊戲操作類或對認知程度沒有太高要求的繪本，一起開懷的唱唱跳跳、玩遊戲或講故事。

因為孩子們的認知程度不一，有時父母須一起分擔與孩子一對一共讀的任務。一方面可以針對孩子不同的理解程度與興趣提供適合的繪本，另一方面也能讓孩子有機會感受到父母全部的關懷與注意。

在成長過程中，孩子除了閱讀外，分享、輪流與互助也是他們需學習的，可以透過安排哥哥姊姊講故事給弟弟妹妹聽，父母從旁協助及獎勵，讓哥哥姊姊有機會從聽故事者成為講故事者及示範者，進而練習表達能力，獲得成就感，弟弟妹妹也有機會向哥哥姊姊模仿與學習。手足間的競爭是很自然的現象，父

母常須花費心思處理與協調，這樣不僅能讓孩子喜愛閱讀，也能促進手足彼此的感情。

Q 適合將《三隻小豬》《小紅帽》等經典童話介紹給幼兒嗎？

A：經典童話《三隻小豬》情節緊張中帶有趣味，重複中帶有變化，其中一些句型、疊字、擬聲詞，例如：大野狼跑到豬二哥家敲門「扣、扣、扣」，或是大野狼又「深吸一口氣，然後呼呼呼的吹」，這都有助於孩子提升預測、記憶與語言的能力，並進一步思考問題解決的方法。《小紅帽》也是跨世代與文化的經典作品。現今普遍的改編版本，結局是獵人或樵夫制伏了大野狼，將小紅帽與奶奶從大野狼的肚子中救出。原始版本的結局是，小紅帽因為不聽媽媽的話，所以害自己與奶奶都被大野狼吃掉了，並且沒有得到拯救。兩相對照下，前者吸引孩子，有提醒作用，但沒有恐嚇的意味。後者結尾會讓孩子覺得沒有希望或受到驚嚇，不太適合介紹給生活經驗不足、且容易將現實與想像世界混淆的幼兒。

幼小銜接：成為快樂的小一新鮮人
幫助幼兒適應陌生環境

　　孩子成為小學的新鮮人必須面臨許多的考驗，或許有些父母會質疑，以前孩子在幼兒園一切適應良好，為何到了小學階段就不喜歡上學了呢？這是因為大家對幼兒與兒童的期待不一樣，學校的功能也由保育變成教育。孩子原本習慣於遊戲中學習的生活，一下子轉換成以學科導向且充滿學業競爭的生活，角色也從備受呵護的幼兒，成為在成績與人際關係上被期待表現得更好的兒童。

　　6歲孩子是一個典型群體，他們的身心正朝向敏感的「兩極化」發展，心理上既想爭取自由、獨立，又容易產生焦慮、缺乏安全感，在認知上熱衷追求新鮮事物、喜歡反覆的練習以求更好的表現，但他們非常難以接受批評或輸給別人。所以孩子從身為幼兒園中表現得最成熟的大哥哥、大姊姊角色，成了在小學中最幼稚的小弟弟、小妹妹，難免覺得自己不如人而產生挫折感。在這轉換的調適階段，如果孩子能得到足夠的理解，有機會接受適度的挑戰，並產生成就感，將會幫助他們成為快樂的小學生。

　　有些探討孩子此時期身心發展、成長任務，以及能輔助學科學習的繪本，都是很好的閱讀媒介，除了可以提供正確的示範、增進孩子的認知與讀寫能力，也能讓他們感受到被認同而得到慰藉，以下提供一些建議。

▶《尼可丹姆的一天》

作者：阿涅絲・拉侯許
（Agnès Laroche）
繪者：史黛凡妮・奧古斯歐
（Stéphanie Augusseau）
出版社：聯經出版

▶《小阿力的大學校》

作者：羅倫斯・安荷特
（Laurence Anholt）
繪者：凱瑟琳・安荷特
（Catherine Anholt）
出版社：上誼文化

孩子抗拒上學時

　　有些小一新生經常因課業壓力不想上學，會用一些借口逃避，有些甚至會在學校或上下學途中「意外」的大小便；還有一些注意力不容易集中，對學習提不起興趣。這不是孩子「不乖」，而是代表他們還沒有準備好，進入小學對他們是很大的負擔。《尼可丹姆的一天》中，尼可丹姆從上學途中就開始遇到挫折，接著面臨沒帶作業被老師責罵、遭同學霸凌，以及因意外無法吃午餐的困境，直到他遇上了友善的薇歐蕾特，情況才有所好轉。他開始正視自己的優缺點，並鼓起勇氣反抗欺凌。

　　《小阿力的大學校》中，小阿力擔心在「超級大的」學校遇到不熟悉的事物而退縮不想上學。多虧了媽媽與老師的細心陪伴，幫他做好心理準備，最後小阿力喜歡上學並結交了朋友。《阿諾去上學》中，阿諾第一次去上學，經歷了許多他不想做的事，心裡只想回家，直到他和同學們愉快的遊戲，才發現上學原來也挺有趣的。3 本繪本都生動的刻畫出小一新生的擔憂與窘境，結局帶出了希望與歡樂，具有鼓舞及安慰小一新生的效果。此外教育心理學家尚・ 皮亞

傑認為小一的新生會以自我為中心，喜歡競爭與表現，也很難忍受等待。《莉莉的紫色小皮包》將孩子這種特質傳神的描繪出來，深獲孩子的喜愛。

孩子能靜下心享受吸引人、篇幅較長、但生字不多的繪本，且會偏愛某些創作者的作品。他們會從不同的角度看世界與觀察事物的相互關係，很在意新鮮的組合或變化，例如：空間裡新添的東西及位置。對繪本中敘述的事情會要求澄清、確定及給予批評。《魚就是魚》構圖簡單而畫面豐富，圖文互相輝映，令人印象深刻。這本書的意涵是自我認同，魚兒無法理解好朋友青蛙為什麼和自己長得不一樣，對青蛙所描述的有趣事物，也都是以自己的角度去揣測。直到有一天他奮力跳上岸想去一探究竟，結果幾乎窒息，終於他認同了「魚就是魚」。這個寓言故事能激發孩子去想像、提問與探索，享受視覺與聽覺的饗宴，並引起情感的共鳴，進一步思考自己的定位。無字書類的繪本也能讓識字較少的小一生沉浸在圖像的閱讀中，激發他們觀察與邏輯思考的能力。《旅程》充滿了奇幻與冒險，創意發散的問題解決方法及細膩優美的圖畫，能引發孩子們的思考與探索。《發現小錫兵》是結合安徒生童話與環保概念的現代童話，孩子們可以隨著小錫兵的歷險一起關心環境、物質、文明與自己的關係。

孩子的認知及語言發展

這個階段的孩子會以自己的需求或期望來解釋周遭的事物。他們懂得幽默，喜歡交談，在發音及文法結構方面表現得不錯，已能獨立念一些熟悉的繪本。由於孩子辨別幻想與事實的能力增加，所以會非常喜歡《別讓鴿子開公車！》這類型的故事。故事中，一位公車司機要求讀者在他離開時「不要讓鴿子開公

▶《爺爺有沒有穿西裝？》

作者：艾蜜麗弗利德（Amelie Fried）
繪者：傑基格萊希（Jacky Gleich）
出版社：格林文化

車」，接著鴿子出場不斷的說服讀者讓他開公車：「我會很小心的。」、「我會做你最好的朋友喔！」、「嘿，我有個主意。我們來玩『開公車』的遊戲吧！」雖然文本中沒有提答案，但可預期的都是：「不可以」。這樣容易串聯、想像，句尾又採用了驚嘆號、問號、引號、句點等的句型模式，有助於孩子學習寫作的模式。6歲的孩子也對死亡的問題感到好奇，擔心親人死亡甚至不願離家到學校去。《爺爺有沒有穿西裝？》對死亡的闡述很適合此時期孩子的理解程度，主角布魯諾面對爺爺的死亡經歷了疑惑、難過到接受的歷程。這個故事的文字較多，需要老師或家長講述，讓孩子一邊聽故事，一邊欣賞細膩感性的內容，並且討論他們心中的疑慮，得到生命不會無故消失的保證。《我的爸爸》是以另一種角度闡述死亡及對逝去親人的緬懷。故事中，爸爸與小女孩都非常想念去世的媽媽，雖然他們常感難過，但仍以正面的態度接受沒有媽媽的生活，父女彼此珍惜、互相打氣。故事蘊含的感情真摯，讓人感動。

　　孩子從幼兒園進入小學需要許多的調適與體諒，共讀好書的活動能有效的引導孩子，幫助他們成為快樂的小學生。

PART 2 多元閱讀篇

愛閱孩子的全方位
能力大躍進！

**培養
非認知能力**

從閱讀的不同角度和面向提供孩子多元題材、文體與型式的繪本，並搭配引起不同共鳴點的學習策略，讓孩子擁有同理、自信、共好等情感面的閱讀體驗。

**啟發
認知能力**

運用繪本寓教於樂的活動，例如：聰明提問的模式、經典童話版本的比較與改編、角色扮演遊戲等，讓孩子體驗各領域的相關知識，培養他們的邏輯推理和創意想像力。

毅力、自制力、自信心、學習動機等「非認知能力」，跟「認知能力」一樣對孩子的學習和人生有極大影響，我們可以透過教育與教養，提供多元的繪本與各種延伸活動，幫助孩子提升這兩方面的能力。

每個小孩心裡都有一個「會生氣的菲力」
透過故事情境，認識不同的情緒

在信息豐富，取得管道多元的世代，什麼是維持個體身心健康愉悅、人際關係良好與邁向成功的關鍵？美國情緒智商（EQ, Emotional Quotient）大師丹尼爾 · 高曼（Daniel Goleman）指出：這一世代的孩子在有史以來充滿最多令人分心事物的環境中長大，注意力越來越薄弱，很難專注對自己情緒的覺察，也缺乏對他人專注的能力。加上少子化的成長環境，有情緒困擾的孩子越來越多，造成個人及社會極大的問題。美國伊利諾伊大學的學術、社會、情緒學習共同研究機構（CASEL, 2007）曾對 32 萬學童進行研究調查，結果發現社會情緒學習對孩子造成極大的正面效應，例如：學業成績進步、在班級裡的不良及攻擊行為減少、焦慮和沮喪等情緒障礙減少。

從繪本中學習處理衝突和調整情緒

每個孩子天生的氣質與智能不同，這些能力受到外在因素的影響，包括與愛他們的成人間的關係。這些能力也會因遇到的問題種類和情境不同而改變，例如：外出過夜出現的分離焦慮。慶幸的是孩子具有驚人的調整情緒和克服挑戰的能力，如果父母能引導和鼓勵孩子的情緒發展，示範正向的角色行為，一起

進行愉快的活動像是閱讀、遊戲等，都能幫助孩子學習處理衝突和調整情緒。

親子共讀及討論繪本能增進孩子的讀寫素養，幫助我們聽懂別人和表達自己，例如：閱讀《告訴我，你怎麼了？幫助孩子處理情緒問題》，能學會表達情緒的字彙和用句，像是「大人不想聽你解釋的時候，你會覺得很委屈。」共讀也能促進孩子的社會情緒發展，如果孩子和故事主角有類似的生活經驗，容易認同主角和產生同理心。高品質的繪本具有豐富的情節和張力，角色的個性鮮明，能幫助孩子自省，學習在真實生活中如何自我定位。例如：《彼得的椅子》，小男孩彼得因為爸媽忙著照顧新生兒妹妹而感到嫉妒，當他發現自己的搖籃、小床和高腳椅都被漆成粉紅色時，抓著還未被油漆的藍色椅子和小狗離家出走，發洩不滿的情緒！當他情緒平靜些，並且感到父母對他的愛依然沒變時，彼得主動要求和爸爸一起把椅子漆成粉紅色送給妹妹。其中的行為反應和情緒轉折

▶ **《彼得的椅子》**

作者：艾茲拉・傑克・季茲（Ezra Jack Keats）
繪者：艾茲拉・傑克・季茲（Ezra Jack Keats）
出版社：上誼文化

能引起孩子的共鳴，鼓勵孩子說出內心的感受，父母可以透過聆聽和討論安撫孩子的情緒，提出愛的保證。

日本心理學者河合隼雄主張，情緒好像語言，如果學習去了解別人的語言，大家就有共通的部分可以溝通。他也認為閱讀童書和心理治療中與個案的面談有相通之處，因此在他專業的兒童諮商輔導工作中常使用童書進行「書目療法」[1]來擴展孩子的經驗，並透過講故事、討論及創意想像的過程達到輔導孩子的目的。河合隼雄在他的著作與演講中，也鼓勵成人運用繪本裡的圖畫與文本和孩子進行討論與練習，讓孩子學到同理心、情緒控制與解決問題。好繪本必須以孩子為主體、以孩子的視點觀察事物，且具藝術美感，幫助孩子在欣賞與自己情境相通的故事時，提升自我存在感與對他人的理解力。以下以《菲力的 17 種情緒》及《小哈，你要把媽媽氣瘋啦！》為例，提供賞析方法及共讀活動。

《 菲力的 17 種情緒 》

這本書有著特別的設計，像一本情緒小百科，主角菲力就像小讀者們一樣面臨了許多社會與情緒發展的挑戰及壓力，需要學習如何自處及與別人相處。雖然幼兒期的語言發展與象徵性的心智能力，已能讓孩子說出自己的情緒、延緩滿足的需要，且彈性的解決人際問題，但他們缺乏足夠的互動經驗與自我控制的能力，所以必須透過反覆練習，並且得到信任的照顧者協助，才能培養出健康的社會與情緒能力。

【1】　書目療法（bibliotherapy），又譯為閱讀療法、讀書治療等，是一種以圖書為媒介的輔助性心理治療方法。

▶ 《菲力的 17 種情緒》

作者：迪迪耶・李維（Didier Lévy）

繪者：法畢斯・杜立爾（Fabrice Turrier）

出版社：米奇巴克

《菲力的 17 種情緒》
根據幼兒對自我及周遭事
物感興趣的特性，設計了
17 種社會情境、延伸思考的問題，以及「親子對話時間」。父母可將其當作媒
介，與孩子一起共讀及討論。幫助孩子了解、管理與表達情緒感受，並且學習
如何解決日常生活中的情緒問題，建立良好的人際關係。

情緒學習：對同理心與自我情緒的察覺

書中的菲力生氣、失望、得意與嫉妒時，會用瞪人、抱怨、蹦蹦跳跳與生悶
氣的方式表現情緒。親子共讀時可以多花些時間停留在頁面上，仔細的欣賞圖
像中的不同角色，在不同心情下的傳神的表情與肢體動作，並朗讀文本所描述
的事件和主角的情緒反應。閱讀後可以討論感想，回憶或預測如果自己經歷同
樣的情境，會有什麼樣的情緒反應。

不論孩子的情緒好壞，父母都應該鼓勵與接受他們自由的表達，並且用簡單清楚的語詞說出孩子的情緒，表明別人也可能會有類似的反應，例如：「菲力生氣了，因為他不想讓他的布偶洗澡。他用賭氣、難看的臉色與在地上打滾耍賴表現出生氣。當哥哥搶你的玩具時，你是不是也很生氣，想要大哭大叫？」

此外，父母也可以運用臉部的表情與肢體語言表現出關心與安慰孩子。然後再進一步與孩子討論可以如何表現及排解情緒，並培養正面的情緒（如愉快、滿足與充滿希望）。

若某些事對幼兒來說較抽象或無法表達，父母也可以參考書中類似的情境，提供道具一起玩扮演遊戲來幫助孩子。

社會學習：如何解決衝突與建立友誼

書中的菲力因為被別的孩子推擠而感覺很煩，會用力跺腳；因為遇見媽媽朋友的女兒而覺得害羞，說話變得結結巴巴。這些例子都很具體，有助於父母引導孩子思考如何使用適當且不具攻擊性的策略來解決問題。

由於幼兒仍然以自我為中心，喜歡聚焦在自己的需求上，並且容易以目標為導向，就像菲力心情不好時會亂吼亂叫、亂丟心愛的玩偶一樣，其實他並不是要故意傷害別人或東西。父母應該避免以負面的語詞批評孩子的動機或行為，而是直接指出與制止不當的言行，鼓勵孩子說出想法，然後一起討論解決的方法。人際互動上，也可以鼓勵孩子像菲力一樣，先觀察對方的表情及動作，試著用微笑化解彼此的陌生與尷尬，甚至提供一些東西做為釋放善意或彼此互動的媒介。

《小哈，你要把媽媽氣瘋啦！》

　　這是一本貼近孩子日常經驗，能夠引起共鳴的繪本，其中包含了感覺、親子關係與犯錯的概念。

　　活潑的小哈不想製造麻煩，但麻煩總跟著她。小哈的媽媽總努力控制自己不要為小哈造成的麻煩而發脾氣，但接連不斷的意外與混亂終究讓她爆發了！當媽媽努力調整自己的情緒，並與小哈互相說出自己的感覺並道歉後，母愛又再次獲得了確認。

延伸活動　繪製「情緒的臉孔」卡片

　　透過閱讀《小哈，你要把媽媽氣瘋啦！》這本書並進行延伸活動，能夠加強孩子的安全感，有助於他們了解自己與他人的感受，進而學習社會技巧。

閱讀前

❶ 先和孩子欣賞及討論封面，例如：你覺得小哈和叉著腰的媽媽心情如何？書名《小哈，你要把媽媽氣瘋啦！》讓你感覺如何？

❷ 鼓勵孩子談談犯錯時的感覺，例如：你曾像小哈一樣把東西弄得滿地都是嗎？結果如何？你的感覺如何？

❸ 也可以請孩子想想，犯錯時該怎麼辦？是否曾因犯錯向對方道歉？這樣會感覺好一點嗎？為什麼？

閱讀後

❶ 回顧故事，循著圖像線索談感覺，例如：當小哈犯錯時，她的表情如何？她的媽媽感覺如何？你怎麼知道？當媽媽因小哈把枕頭弄破而發出尖叫時，小哈的感覺如何？你怎麼知道？（可繪製「情緒的臉孔卡片」輔助討論，請參考右頁圖一至圖三，卡片中的文字可以讓孩子以圖畫表示，或由父母代填。）

我有許多張臉，

這是其中的一張，

當我感覺 ＿＿＿＿＿ 時，

看起來就像這樣！

圖一

我有許多張臉，

這是其中的一張，

當我感覺 **生氣** 時，

看起來就像這樣！

圖二

我有許多張臉，

這是其中的一張，

當我感覺 **開心** 時，

看起來就像這樣！

圖三

❷ 接下來讓孩子想想為什麼小哈的媽媽會發脾氣？最後媽媽和小哈如何處理他
們的情緒及解決問題？你曾經有過類似的經驗嗎？你的感覺如何？（可繪製
「歉意卡片」輔助討論，請參考圖四、圖五，卡片中需填的文字可請孩子以
畫圖表示，或由父母代填。）

歉意卡片

收件人：＿＿＿＿　送卡人：＿＿＿＿

對不起！我 ＿＿＿＿＿＿＿＿＿＿＿ ！

為了表示我的歉意，

我 ＿＿＿＿＿＿＿＿＿ 。

圖四

歉意卡片

收件人：小華　送卡人：小明

對不起！我 把你心愛的杯子摔碎了 ！

為了表示我的歉意，

我 把我心愛的杯子送給你 。

圖五

❸ 向孩子強調每個人都可能犯錯或情緒失控,但不會輕易的影響彼此的關係。

和孩子討論最近有沒有想向誰表達感謝?為什麼?可以用什麼方式或話語表

達?(可繪製「感謝卡片」輔助討論,請參考圖六、圖七,卡片中的文字可

以讓孩子以圖畫表示,或由父母代填。)

感謝卡片

我的 _____ 很特別,

因為 _____ ,

為了表示我的感謝,

我 _____ 她 / 他。　　　　　　　_____

圖六

感謝卡片

我的 _媽媽_ 很特別,

因為 _她常陪我一起看書講故事_ ,

為了表示我的感謝,

我 _要好好愛她_ 。　　　　　　　　　　小雅

圖七

把我嚇得全身都散掉了。

▶ 《大吼大叫的企鵝媽媽》

作者：尤塔‧鮑爾（Jutta Bauer）
繪者：尤塔‧鮑爾（Jutta Bauer）
出版社：親子天下

　　除了以上兩本繪本，《大吼大叫的企鵝媽媽》以象徵的手法表現企鵝媽媽因情緒失控，造成小企鵝驚嚇及被撕裂的感覺。最後媽媽調整情緒，對小企鵝說：「對不起」，撫平了孩子心理的創傷，親子關係又重歸於好。親子共讀這本書，可以幫助彼此勇於說出自己的問題及感受，增進相互的了解與尊重。研究證實親子共讀會對幼兒的情緒產生正面且長期的影響，除了共讀時彼此親密的依偎，孩子能感受安全及被關愛外，適宜的提問與討論也能幫助孩子發展平穩的情緒與解決問題的能力。基於幼兒會將自己投射成故事中的角色，學習與模仿角色的行為與態度，父母需為孩子慎選貼近生活經驗的好繪本，透過共讀引發衝突與情緒的事件，讓孩子經歷理解與認同、宣洩與淨化的情緒歷程，進而參考角色的問題解決方式，反思自己的問題，學習如何自我調整與修復情緒。

延伸閱讀　　　　**適合對話式共讀的情緒繪本**

　　培養孩子正面的社會情緒素養，需考慮他們的理解力與經驗，建議閱讀以下一些具文學性、藝術價值、簡單易懂的訊息、幽默風趣，以及適合親子做對話式共讀，或是玩角色扮演的社會情緒繪本。

理解、接納和表達情緒

　　《彩色怪獸》是一本深入淺出的兒童繪本，以生動活潑的故事和插畫，引導孩子們理解和表達自己的情緒。書中的主角是一隻顏色混雜的怪獸，他無法分辨自己的情緒。然而，一位小女孩幫助他將每種情緒與一種顏色聯繫起來，並將它們分別放入不同的罐子中。處理的方式既理性又感性，使得彩色怪獸最終能夠理解

▶ 《彩色怪獸繪本》與
　《彩色怪獸情緒著色本》超值套組

作者：安娜・耶拿絲（Anna Llenas）
繪者：安娜・耶拿絲（Anna Llenas）
出版社：三采文化（2016 年）

▶ 《心情精靈：索索的情緒魔法罐》

作者：黛博拉・馬塞羅（Deborah Marcero）
繪者：黛博拉・馬塞羅（Deborah Marcero）
出版社：小宇宙文化

自己的情緒並將它們區分開來。現實生活中，情緒也可以成為我們內心的導航，當發生任何變化時會提醒我們，只是我們須懂得如何辨識及因應。

　　這本書以簡單易懂的語言向孩子們介紹了基本的情緒概念，幫助他們建立起與情緒相關的詞彙，並且鼓勵孩子們勇敢的表達出來，例如：「傷心就像是失去什麼東西那樣，感覺像海水般輕柔，又像綿綿的下雨天。」當孩子們能夠把抽象的情緒感受，想像成具體的圖像語言和文字時，不僅有助於孩子們認識自己的情緒，也有助於他們學會如何與其共存，並進一步去理解和接納別人的情緒，學習和別人溝通與相處。

　　親子閱讀時可以採用對話式共讀，除了幫助孩子理解、感受和學習使用豐富的情緒詞彙去表達和溝通外，父母盡可能以溫柔的語調，尊重的態度傾聽，讓孩子感到全然的放鬆和信任，能夠自在的抒發情感。此外，也可以一起模擬過去的經驗或假想情境，和孩子演練面對情緒問題時如何解決，學習管理和調整情緒。

探索與釋放情緒壓力

　　《心情精靈：索索的情緒魔法罐》是一本精美，極具想像與感染力的繪本。故事圍繞著小兔子索索的情緒變化和困擾。當索索感到極度恐懼、狂喜或憤怒時，就會把當下的情緒塞進罐子中，然後鎖在壁櫥裡。可是索索很快就發現這種把情緒隔離和忽略的方式很危險！

　　這本書對情緒做了精采的探索，並且強調與別人分享情緒的重要性。文本中充滿了豐富的情緒詞彙，用孩子易懂且深刻的方式來敘述，插圖獨特、有趣。透過小兔子索索的故事，向孩子展示了理解、學習和處理各種情緒的好方法。強調當

我們釋放情緒時，生活會變得更多采多姿。

共讀《心情精靈：索索的情緒魔法罐》，提供了孩子一種新的方式來探索自己的情緒，對於父母來說也是一種重要的提醒。孩子不敢表達情緒，擔心被嘲笑，而將自己的情感封閉起來是常見的問題，父母須了解孩子是因為個性敏感、擔心受處罰，或是其他的原因。共讀這本情緒繪本，可以擴充孩子的情緒詞彙，幫助他們將其融入在日常對話中，練習表達與溝通。當孩子有強烈的情緒時，父母可以表現同理心、給予孩子抒發的空間、聆聽孩子的感受，或是教導處理情緒的方法。就像索索學會了不害怕、不隱藏情緒，即使是面對負面的情緒也能用心感受、接納和找信任的人分享，結果生活變得更輕鬆自在與美好。

接受成長的變化，學習慷慨與分享

《小熊的小船》是一本充滿溫馨與感人的繪本，它以簡單而深入人心的方式，傳達了成長、分享和慷慨精神的重要性。這本書講述了小熊如何面對成長的喜悅

▶ 《小熊的小船》

作者：伊芙・邦婷（Eve Bunting）
繪者：南西・卡本特（Nancy Carpenter）
出版社：臺灣東方

▶ 《敵人派》

作者：德瑞克・莫森（Derek Munson）
繪者：泰拉・葛拉罕・金恩（Tara Calahan King）
出版社：道聲

和困境，並且找到了一個既能夠讓他快樂，又能夠讓他的小船繼續被愛護的解決方法。這對於每一個正在成長中的孩子來說，都有著深刻的啟示。

首先，這本書以小熊和他的小船為主角，生動的描繪出兩者在成長過程中緊密的連結，以及小熊對於小船強烈的情感依附。然而，隨著時間的流逝，小熊漸漸的長大，體型不再適合他的小船。這是每一個孩子在成長與蛻變中常遭遇的類似問題，我們都會有一些曾經非常喜歡，但是隨著成長而不再適合我們的東西。這個故事以溫暖而富有同理心的方式，引導孩子們理解和接受這種變化。

《小熊的小船》除了是一個關於成長的故事，也展現了分享和慷慨精神的重要性。當小熊發現他已經無法再使用他的小船時，他選擇了將它分享給其他需要它的人。這種無私、慷慨，以及懂得斷捨離，放下心中執念的行為，是我們希望每個孩子在成長過程中都能夠學會和實踐的。

在藝術的表現方面，伊芙・邦婷（Eve Bunting）充分的將關懷與積極分享的訊息融合在孩子的生活經驗中，搭配南西・卡本特（Nancy Carpenter）親切的柔和色彩與鋼筆線條，簡潔明瞭的傳遞出一種懷舊的魅力，吸引孩子的目光和引起他們內心的共鳴。閱讀這本深入人心的故事，能夠讓孩子從中得到許多啟發與快樂！

化敵為友的藝術

《敵人派》是一個可愛迷人的故事，運用有趣的方式探討友誼、接納和理解他人。引導孩子思考如何將自己的敵人變成好朋友。主角小男孩原本過著完美的暑假，直到小傑搬到附近成為他的頭號大敵人，整個生活就變樣了。幸好主角的爸

爸有一個消滅敵人的必勝絕招——敵人派。然而，要使這個派產生效果的祕方之一，竟然是要和敵人和平的相處一整天！

人與人之間的相處很難避免競爭與比較，但結果不一定會是對立，主要取決在自己的態度和想法。主角為了殲滅敵人小傑，接受了必須和小傑相處一天，並且對他很好的任務。當主角改變了對立的立場，展現友善的態度，和主動的示好後，互相合作的契機就產生了！雖然小傑一開始感到有點驚訝，但還是被主角積極主動的善意與誠懇打動。結果彼此卸下武裝，好好的相處後，成了互相欣賞與陪伴的好朋友。至於主角內心原有的假想敵也自然的消失了！

這本繪本的插畫將結交新朋友的困難和收穫表現得栩栩如生。不同視角的畫面展現出精采豐富的變化。特寫的臉部表情，沒有過度的誇張，反而多了一份沉穩感，清晰的傳遞出如何處理人與人之間的關係和衝突的訊息，幫助孩子在閱讀中，喚起自己類似的經驗和理性的思考。雖然生活中所遇見的人形形色色，不見得自己伸出橄欖枝，就能獲得友誼，但改變態度、展現誠意和善意能破解心中的敵意，也是建立良好人際關係的關鍵。

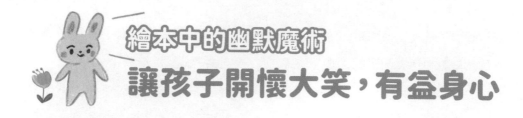

繪本中的幽默魔術
讓孩子開懷大笑，有益身心

　　幽默是什麼？每個人都具備幽默感嗎？幽默感是必須的嗎？在一向推崇刻苦向學、規矩行事的社會中，幽默常遭到忽視或抑制。然而，也有些自認幽默的人實際上是以消遣或傷害他人為樂趣，因此幽默感是需要分辨及培養的。

　　幽默是社會能力之一，它能夠發揮「社會潤滑劑」的效果。當人們發揮幽默感時，會啟動 α 腦波及分泌多巴胺與內啡肽，降低內在的焦慮與敵意，增強問題解決的能力，進而提升身心的健康。要了解一個人是否幽默，可以從他社會行為的 3 個面向來觀察，包括對有趣事物產生的反應，例如：微笑、大笑，或是能夠透過說笑話或扮小醜製造娛樂效果，以及綜合以上兩者表現自娛、娛人。

挑選具有幽默感的繪本原則

　　既然幽默有益身心健康，又能促進人際關係，是否有方法能夠培養良好的幽默感呢？其實人從嬰兒期開始，就受所接觸的社會環境，包括人、事、物的互動經驗影響，當幽默的行為受到期待與歡迎時會增強，當不被鼓勵或受規範時會消減。因此必須提供孩子良好的刺激與示範來培養幽默感。

　　幽默感的學習需配合年齡的發展，舉例來說，2 歲的學步兒是以自我為中心，

能思維但不合邏輯，無法看見事物的全貌。若提供他們含有諷刺、扭曲與批判意涵的幽默故事，將難以引起共鳴。此外，一些以戲謔手法挑戰社會禁忌，比如關於「死亡」主題的黑色幽默故事，若處理不當，或許會造成幼兒的疑慮。在挑選具幽默感的繪本時，有兩點原則可供參考。

一、故事是否提供有趣、具說服力的角色楷模，鼓勵孩子形成正面的自我認同？

　　例如：《和甘伯伯去遊河》、《丹福先生》、《快樂先生》，3 本繪本的主角都具有幽默感所需的特質：樂觀及體貼別人。因此當他們面對嬉鬧、意外或挑釁、破壞時，仍能以正面的態度面對與處理，最後避免了可能的災禍，結局歡欣帶有鼓舞的效果。還有貼近孩子生活經驗與理解力的《糟糕的髮型》，主角獅子受邀參加派對，卻因顧及別人的眼光而不停的換髮型，誇張的表情與行

information
BOOK

▶ 《和甘伯伯去遊河》

作者：約翰・伯寧罕（John Burningham）
繪者：約翰・伯寧罕（John Burningham）
出版社：阿爾發

▶ 《丹福先生》

作者：大衛・麥基（David Mckee）
繪者：大衛・麥基（David Mckee）
出版社：道聲

為，滑稽又逗趣。結果落水的意外讓他卸下了所有的裝扮，反而讓他能夠開懷的做自己，盡情的享受派對的樂趣。《麥先生的帽子魔術》戲劇性的安排了一頭聰明樂觀的大熊與沮喪的魔術師之間的友誼，讓孩子們在欣賞驚喜懸疑的情節、簡潔優美的圖畫之餘，學著以開闊的心胸及詼諧風趣的態度面對人、事、物，讓生活多些趣味與轉機。

二、幽默中富含的不協調性是否能讓孩子進行心智遊戲、熟悉新的概念、探索新的想法，以及積累認知技巧培養創新能力？

例如：《這不是我的帽子》。如同一齣充滿懸疑與趣味的內心獨白戲。一條偷了大魚帽子的小魚躲躲藏藏，經歷了心存僥倖及為偷竊行為合理化的過程。最後到底螃蟹有沒有出賣小魚？當大魚取回帽子時，小魚怎麼了？作者並沒有給予明確的答案，讓讀者有了更多開放的空間去思索與想像。這本繪本的特質是幽默而非戲謔，需要了解主角的動機與實際想法，並抱著旁觀者清的眼光來

information
BOOK

▶《這不是我的帽子》

作者：雍‧卡拉森（Jon Klassen）
繪者：雍‧卡拉森（Jon Klassen）
出版社：親子天下

通盤解析故事的來龍去脈。這種以超然的眼光看世界，能夠綜觀大局、跳脫自我的表現實屬上乘的作品。

《只有一個學生的學校》是本淡雅中蘊含寓意的幽默作品。當全校的老師寄予唯一的寶貝學生厚望，並設計了一套超級無敵的栽培計畫時，學生卻在沸沸揚揚的爭論中悄然溜走了。然而學生卻在與工友、圖書館員愉快的相處中，自然的學到許多東西。親子共讀這本俏皮的繪本能幫助孩子思考與討論什麼是自己感興趣及衷心希望學習的。

幫助孩子創造幽默的繪本

除了選書的原則外，依照幼兒的發展階段提出一些有助於孩子了解幽默、欣賞幽默，並創造幽默的遊戲及繪本。

第一階段：18 ～ 24 個月

孩子會遵守既定的規則，例如：他們知道襪子要穿在腳上，當你將它們套在孩子的手上時，會讓他們發笑。建議閱讀繪本：《麥克，穿衣服！》姊姊璐璐幫麥克挑選及穿衣服，但麥克堅持要自己穿，結果他將襯衫穿在腳上，夾克套住頭與眼睛，然後開心的與璐璐玩喝下午茶遊戲。姊弟間的互動溫馨而有趣。

閱讀延伸活動

和孩子討論在不同的場合要穿什麼衣服，以及該如何穿。鼓勵他們學習自己穿衣服。

第二階段：2～3歲

孩子的抽象思考及記憶力逐漸增加，他們會喜愛玩聲音遊戲。在不需有具體事物的情況下，就可以利用錯置事實來製造幽默感，例如：故意將小狗叫成「喵喵」。

建議閱讀繪本：《嘰喀嘰喀碰碰》。這個以拼貼為藝術方式的表現擬人化的故事充滿想像，它也是一首充滿節奏的英文字母兒歌，可以鼓勵孩子在滑稽逗趣的氛圍中大聲朗讀與歡呼。

閱讀延伸活動

與孩子一起朗讀，並配合情節與節拍高呼：「Chicka Chicka Boom！Boom！」可以準備一套字母積木或紙卡，請孩子依照不同字母的出場順序點選字母，也可以用來排序或數數。在大團體活動中，可以請孩子扮演不同的字母，並隨著音樂節拍一起唸唱。

第三階段：3～6歲

孩子對世界的了解增加，需要更多的不協調性才能觸發他的幽默感。逐漸領會因邏輯或概念的不協調所引發的幽默，經常對不合理的視覺圖像感興趣。6歲以後的推理能力較成熟，對幽默的領會較接近成人。

建議閱讀繪本：《朱家故事》。朱家的爸爸和兒子們從不做家務，朱媽媽每天都累得筋疲力盡，直到她留下「你們是豬」的字條後離家出走，家裡無人整理，因而亂得像豬圈。

　　這本書的圖畫中藏了許多細節，呈現了幽默、諷刺的視覺效果，出人意料的結局挑戰了性別的刻板印象。

閱讀延伸活動

　　和孩子一起尋找圖畫中不協調或幻想的部分。討論家事應該由誰負責？性別是否限制我們應該做什麼？當不滿意與他人的互動關係時，可以如何解決？

　　有趣的學習能夠對幼兒產生影響且效果持久，如果學到的經驗中帶有幽默成分將更有價值，而且容易記住。由於幽默感是一種社會能力，當父母與孩子分享幽默的觀點時，會增添孩子的快樂，當孩子看到父母喜歡笑、喜歡表現幽默時，會覺得這樣的情緒是被接納與鼓勵的。《聖經》箴言中說：「喜樂的心乃是良藥，憂傷的靈使骨枯乾」，如果我們能幽默的待人處事，將使身心靈健康愉快。

和好朋友一起煮的「南瓜湯」，最美味！
換位思考，學習寬恕的哲學

英文有句諺語：「饒恕別人，放過自己。」當我們原諒別人的過失而不再生氣時，就能達到內心的平靜。當我們寬恕別人時，自己的身心將得到釋放與平和。寬恕是需學習的，而且越早學習效果越好，但是面對道德發展正處於「自我中心」階段的幼兒，可以透過什麼方式或媒介來幫助他們放下被傷害的感覺，並學習寬恕呢？其實寬恕的學習不是盲目的壓抑自己受傷的感覺，而是有同理心並接納對方，進而釋放負面的情緒。如果能以繪本當媒介，運用其中與孩子相關的內容及問題來講故事和討論，將有助於孩子改變想法及行為。

學習寬恕的關鍵：同理心

學習寬恕的主要關鍵是「同理心」的養成，也就是幼兒能設身處地了解別人內在的思想與感覺。同理心綜合了認知與情感的成分，我們須先了解它的認知發展與情感的激發模式。心理學家霍夫曼（Holffman）等人對兒童的心理發展提出了 4 個觀點：

❶ **1 歲前**：處於自我融合的階段，分不清人我關係，會將別人的情緒當作發生在自己身上一樣。

❷ **1 歲左右：**物體恆存概念逐漸形成，能區分別人和自己的痛苦，但以為別人的感受都與自己的一樣。

❸ **2 ～ 3 歲：**開始形成觀點取代的認知，會察覺別人的感受可能與自己的不同，而且是因為別人對事物的解讀或需求所產生的。

❹ **6 歲左右：**逐漸形成對個體的認同，知道人是連續成熟的個體，會透過自己的成長經驗來回應別人的情緒，即使對方表現得不明顯，也能同理對方內在的情緒。

同理心包含了情感成分，以及從無意識發展到具較高層次的認知：

❶ **反射性的哭泣：**新生兒聽到別的嬰兒哭泣時，也會主動帶著痛苦表情哭泣。

❷ **制約反應：**觀察發現別人受到痛苦，而觀察的經驗形成了「制約刺激」，當以後再發現相關的制約刺激時，會覺得自己也很痛苦而產生不舒服的「制約反應」。

❸ **直接聯想：**看到別人的情緒表現，會聯想到自己的經驗而與別人同悲同喜。

❹ **模仿：**經由主動模仿別人的表情動作而體會相同的情感。

❺ **象徵性的聯想：**能透過象徵性對象，比如聲音、圖畫去感受別人的情感。

❻ **角色取代：**能站在對方的立場去想像及感受。

用故事教孩子寬容的心

根據以上同理心的認知發展與情感激發模式，我們了解要培養或激發孩子的同理心，須提供他們學習機會及媒材，例如：閱讀活動及繪本。當針對孩子的行為問題，有技巧的引導孩子講故事，能讓孩子較自在的洞察內在的衝突。故

事必須與孩子的日常經驗緊密相連。以下 4 本繪本適合用來學習寬恕行為。

《是蝸牛開始的》

有一天，蝸牛批評豬又胖又髒，豬覺得很煩就去批評兔子膽小，接下來就像接力賽般，動物們一個個接著批評對方，最後白鵝受到蜘蛛的批評，心裡不高興而去批評蝸牛。蝸牛這時才警覺到被批評的難過，而去找豬道歉，豬又去找兔子道歉，就這樣大家都互相道歉及原諒了對方。故事善用類似、可預測的語句，以及回歸原點的探究方式，讓孩子感受到批評的傷害及寬恕帶來的平安喜樂，學著以不同的角度欣賞、體諒別人，並抒發自己的情緒及建立良好的自我觀。

《南瓜湯》

貓、松鼠和鴨子 3 個好朋友住在樹林的小屋中，他們各司其職，天天煮好喝的南瓜湯。可是有一天，鴨子執意要搶松鼠負責攪拌湯的工作，大家爭執不休，結果鴨子負氣離家出走。松鼠和貓在擔心與思念鴨子之餘，決定原諒及容忍鴨子。故事中朋友間的鬥氣與關懷符合孩子的日常經驗，彼此間的包容與接納，更讓孩子感受到友誼的可貴，而學習寬恕與妥協。

《是誰嗯嗯在我的頭上？》

故事敘述一隻小鼴鼠被意外掉在他頭上的大便破壞了好心情，開始到處不客氣又充滿懷疑的追問動物們：「是不是你嗯嗯在我的頭上？」直到向偵查出的

▶《是誰嗯嗯在我的頭上？》

作者：維爾納・爾爾茨瓦爾斯（Werner Holzwarth）
繪者：沃爾夫・埃爾布魯赫（Wolf Erlbruch）
出版社：三之三

肇事者大狗興師問罪時，自己竟也意外的大便在大狗頭上。閱讀這個幽默詼諧又帶點小常識的故事，能讓孩子在歡笑之餘，學習寬恕別人的無心之過，因為自己也可能在無意中冒犯了別人。

《蒼鷺小姐和鶴先生》

住在沼澤一端的鶴先生想結婚，於是走到沼澤的另一端，向住在那兒的蒼鷺小姐求婚。但震驚到不知該如何回應的蒼鷺小姐粗魯的拒絕了鶴先生，等鶴先生沮喪的離開時，蒼鷺小姐才警覺到自己是願意嫁給鶴先生的，連忙去道歉及表達情意。但這回換自尊心受損的鶴先生以高姿態回絕了蒼鷺小姐。就這樣彼此為了無謂的自尊，重複捲入傷害對方又道歉的循環中。這個滑稽中帶著嘲諷的故事，反映出人際的衝突與誤會常因驕傲而無法化解，如果能體諒、寬恕別人，將為彼此帶來美好愉悅的關係。

　　針對學習寬恕這個主題，可以做一些閱讀的延伸活動，例如：模擬問題情境講故事，或是模仿角色的扮演遊戲，都有助於培養同理心與寬恕的行為，以下請參考。

❶ 相互說故事

　　讀完《南瓜湯》後，請孩子試著講一個具衝突性的故事，然後父母講一個類似的故事，並且解決原本故事中的衝突，導向較健康的氛圍。例如：相爭執的手足容易講互相攻擊的故事，父母可以用類似的情境和角色，講一個手足融洽的故事，並將孩子的名字套入其中。接下來鼓勵孩子繼續講手足間相親相愛的故事，使其成為一種印象，讓孩子自然形成手足間和好的行為。孩子在經過多次的互相講故事後，會去檢視自己的現實環境，思考未來該如何正向處理生活的問題。

❷ 戲劇化講故事

　　戲劇化的呈現方式能讓孩子更融入故事中，並接受其中傳達的訊息。例如：將《是蝸牛開始的！》編成簡單的劇本，請孩子們演出。孩子透過角色扮演能引發他們的情感反應，站在對方的立場去想像及感受。幼兒不容易講出結構完

整的故事，當加入戲劇化的元素，並配合道具與場景時，能加強他們的敘述能力。

　　寬恕別人有助於維護個人身心健康，閱讀繪本或延伸活動都在設法幫助孩子從自我中心發展出對別人感受的同理心，將外塑的行為動機發展成自發性的行為動機。唯有能引起孩子利己及利他的反應，才能真正學會如何寬恕。

小兔子也想加入狗兒圈！
就算我們不一樣，攜手共融是一家

　　每個人都不一樣，即使種族、外觀相似，思想、精神，或感受也各不相同，但每個人都需要被關懷、接納，也都需要結交朋友和接受幫助。如何能夠坦然的喜歡自己的不一樣，也欣賞別人的不一樣，需要學習和社會的支持。共融的社會是現今全球努力的目標，強調突破隔閡，接受異己，以及共享權利與義務的精神。親子共讀好繪本能夠影響孩子的思維，培養孩子實踐共融的素養。

接納異己

　　《這是一本狗狗書！》描述渴望融入狗兒圈的小兔子，如何和狗兒們諜對諜的鬥智，終以誠心感動狗兒們的故事。其中的對話，如一隻支持小兔子的狗兒說：「通過了這麼多的測驗，那隻小兔子肯定是一隻狗。」另一隻持反對意見的狗兒則回說：「你們可以堅持說他是一隻狗。可是小兔子就不是狗。小兔子就是小兔子。」正當大夥兒僵持不下時，一隻狗兒及時的安慰且提出了關鍵性的問題：「不用擔心，小兔子，我們只在乎一個問題……」、「你是一個好朋友嗎？」小兔子回答：「是的。而且我永遠都是。」結果逐漸放大的字體，展

▶ **《這是一本狗狗書！》**

作者：茱迪絲‧亨德森（Judith Henderson）
繪者：朱利安‧鍾（Julien Chung）
出版社：維京國際

現全體狗兒一致的結論：
「我們批准准准准准准！」
讓人為小兔子感到歡欣鼓
舞！

　　作者茱迪絲（Judith Henderson）善用孩子容易理解與感受的方式，在你來我往的對話和互動中，輕鬆愉快的激發孩子的思辨能力。稀奇有趣的通關測驗，讓孩子發現不同物種間的差距，更意識到大家心中都存有刻板印象或偏見行為。要如何打破狗兒們定型的觀念，讓他們願意接納自己，並且懂得互相尊重和欣賞？實在考驗了小兔子的決心和勇氣！《這是一本狗狗書！》擬人化的將事件轉化為人們日常發生的問題，但也巧妙的將狗兒和小兔子的真實習性保留，並加以檢視和比對，例如：狗兒喜歡用尿做標記、畫地盤，也喜歡聞狗便便。小兔子喜歡吃生菜和花椰菜、長了像毛球般會扭動的尾巴。這些天生存在的共通與相異性，不僅製造了幽默的笑點，也刺激了孩子求知的慾望。

繪者朱利安（Julien Chung）運用簡約、富設計感和現代風的圖畫，將包含人生哲理的文本表現得娛樂性十足，讀起來輕鬆自在。全書大量留白的背景凸顯出角色們逗趣的表情和肢體語言，也將焦點聚集在彼此的對話上。粗細線條勾勒的動物們活靈活現，各有令人難忘的特色。每個跨頁中如畫龍點睛般的紅色描繪更是吸引人，產生一種溫暖、活潑的能量，也使畫面整體營造出一種均衡、統一的美感。

共讀建議

欣賞這本幽默且蘊藏仁慈與善意的好繪本時，可以將孩子生活中的相關經驗帶入討論，例如：自己是否曾和小兔子一樣，想要加入某個團體時，卻受到排擠？遇到不友善的人時，應該怎麼辦？小兔子和狗兒們分享餅乾，並且努力的表現和他們一樣，這會讓狗兒們接納他嗎？為什麼？和孩子討論時，須注意強調他們的優點，讓孩子看重自己、增強自信，並且懂得以正面積極的態度對待別人。此外，這本書的對話和角色立場清楚明確，也可以改編成劇本，讓孩子練習做角色扮演，體會小兔子和狗兒們的處境與心情。

共融與共創美好社會

生活在城市裡的人們，平日是如何看待及體驗周圍的環境？如果是你，會如何形容自己的城市？《我的城市會說話》是一本充滿詩意且強調社會共融精神的繪本，透過視障的小女孩與父親前往戶外演奏會的經歷，引領讀者透過各種感官去體會城市的美好。

文本是以小女孩的角度做敘述，她除了使用白手杖，言行舉止或人際互動都與明眼的孩子們沒什麼不同。小女孩不依賴視覺，而是透過擬人化的想像、仔細的聆聽，以及用心感受去認識和介紹屬於她的城市。在她的心目中，城市是個有機的生命體，有時會匆忙前進，有時會耐心等待，有時會輕吟叮咚叮咚，有時會怒吼鏗隆鏗隆！而有時也會玩耍或工作，表現出城市的多元風貌，也反映出小女孩和這個生命體間深刻的情感連結。

充滿層次感與朝氣的圖畫，採用活潑亮麗的拼貼藝術，凸顯出城市的摩登與多樣性。父女倆一路前行，準時到達目的地赴約的過程，引起了讀者的好奇。親子間相依相偎的好感情，和小女孩獨立、自信的一面都令人動容。當邊欣賞小女孩舔著冰淇淋專注、滿足的表情，邊朗讀她對城市的俏皮描述：「它嚐起來甜甜的。」不禁聯想到，自己是否也願意敞開胸

▶《我的城市會說話》

作者：戴倫‧勒布夫（Darren Lebeuf）
繪者：艾詩麗‧巴倫（Ashley Barron）
出版社：小宇宙文化

懷，抱著開放與讚賞的眼光去體驗生活周遭！

共讀建議

父母可以先為孩子朗讀文本，感受詩性和刺激創意想像，接下來觀察文圖互補的巧妙和細節，孩子會發現與學習小女孩用視覺以外的感官，欣賞和愛護自己的城市！目前有不少和書中類似的「共融式遊戲場」（Inclusive Playground），強調能包容不同孩子的狀況和需要，是依照一般和特殊兒的能力或身心狀態所設計的。父母可以陪同孩子，一起去體驗大家平等參與遊戲場的機會。

共生共好

滑稽、卡通化的《北極熊搬新家》以同中求異的重複３次模式，讓孩子在熟悉、可預測的情節中，觀察別人及內省自己在面對外來者的態度。故事的主角３隻

▶ 《北極熊搬新家》

作者：巴胡（Barroux）
繪者：巴胡（Barroux）
出版社：小宇宙文化

北極熊原本過著悠閒、平靜的生活，在無預警的狀態下，被迫成為海上漂流的難民。他們尋找新家時，遭遇危險、被拒絕，最後千鈞一髮的尋獲了新家，並且在安定後熱情的歡迎其他新移民。

北極熊們善良、仁慈的特質，以及樂於共融的行為，和之前其他動物們的不友善形成了強烈的對比！畫面中放大的字體與擬聲詞增添了欣賞的趣味性，並加強孩子對於特定詞彙的學習。先後登陸的北極熊及猴子們建立了新家園，共生共好的快樂結局充滿了希望。

共讀建議

可以將溫馨趣味的故事與現況連結，和孩子討論地球暖化，冰山逐漸溶解所造成的北極熊失去家園，以及生存的危機。此外，讓孩子了解，冰雪融入大海，會造成全面性的生態影響，例如：海平面上升、島嶼淹沒……這對四面環海的臺灣也會造成衝擊。幫助孩子以切身的問題出發，關心及學習如何守護自然資源。敘利亞內戰造成上百萬兒童流離失所的新聞，以及孩子在生活中與新鄰居、新同學或新住民接觸、相處的經驗，也能做為閱讀延伸的討論，鼓勵孩子以同理及友善的態度，學習與不同文化背景或種族的人交朋友。

孩子的價值觀在 5 歲左右就建立了，父母的身教、言教會直接影響孩子。平日在遣詞用字上，父母應該避免使用偏見或歧視的字眼。提供孩子機會多接觸和自己相異，包括不同文化、種族或身心狀態的孩子與繪本也是培養共融精神的好方法。孩子們需要從小學會欣賞自己和別人的獨特性，不盲目的從眾，也不隨意的將自己和別人分類，世界才會多采多姿，共生共好。

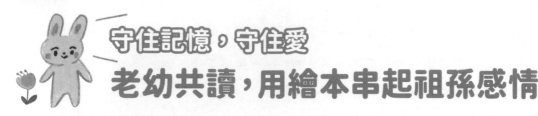

守住記憶，守住愛
老幼共讀，用繪本串起祖孫感情

　　隨著社會高齡化的趨勢，失智症的問題也日益嚴重。根據國際失智症協會2019 年的報告，全球每 3 秒就有一人被診斷出患有失智症。這對許多家庭來說，是一個巨大的挑戰，因為他們必須面對親人的記憶和認知能力逐漸衰退。因此，如何和孩子好好的談論「失智症」，讓他們了解這個現象，並學會尊重和關懷長輩，就顯得非常重要。當孩子能夠理解高齡化所帶來的失智或健康問題，他們就會比較容易和長輩相處，並且從中感受到照顧長輩的意義和成就感。

　　照顧長者是一個社會的責任，也是可以讓孩子從小培養的美德，而利用兒童的力量來照護長者，更是一種創新的方法。孩子不僅是被照顧者，也是照顧者。他們可以和長輩互動，透過共讀、遊戲、唱歌、做體操等活動，增進彼此的情感和理解。在許多國家，已經有「兒童照護員」的服務制度，讓孩子在學校或社區中擔任長者的陪伴者。還有一些幼兒園會和老人日照中心合作，每天利用晨光時間，安排孩子們拜訪中心，和爺爺、奶奶們一起互動或做遊戲。這種服務不僅能讓長輩活得更有朝氣、希望和尊嚴，也能讓孩子學習到關懷、責任和尊重的價值。這是一種雙贏的方式，讓兩代人都能從中受益，共享快樂。

　　老幼共讀是一種能夠培養祖孫感情的活動，在共讀中所使用的媒介繪本非常重要，因為它們可以引起老人和孩子的共鳴和討論。其中談及的主題可能會與記憶、生命的消長，或是老人的關懷與照顧有關。這些主題需要用適當的方式來呈現，才能讓孩子理解，並且產生正面的態度。因此，繪本的表現形式、適齡性、語言風格等都是需要考慮的因素。以下將一些適合老幼共讀的繪本，以及在共讀時，可以和孩子討論的問題提供參考。

守住記憶，守住愛

　　《遺忘之屋》是一本關於失智症的繪本，以神奇的森林探險，邀請孩子進入美好的祖孫共處時光。故事用輕巧有趣的方式，討論生命課題，並且提醒我們「陪伴」和「及時說愛」的重要。小女孩艾蜜莉是喚起奶奶快樂的泉源，她週末拜訪奶奶，透過想像遊戲，和奶奶一起回顧了生命中許多被遺忘的記憶。即使這些記憶可能沒多久又會被遺忘，但相處當下的快樂經驗，卻是真實且可貴的。艾蜜莉還幫奶奶製作記憶紀念冊，將抽象的記憶和情感具體的保留下來，提醒奶奶「大家都愛她」。故事裡「記憶保管人」的安排，令人感到溫暖和安心。想像我們曾經擁有的記憶，不論是最喜歡的時光或是害怕的疼痛等，都被妥善的保管著。書中色彩繽紛的畫面和幸福滿盈的氛圍，沖淡了對失智的疑慮，表現出自然接受、正面看待老化歷程的精神，能帶給孩子良好的生命啟發。

共讀時可以討論的問題：

* 你覺得艾蜜莉和她奶奶之間有什麼特別的連結？

- 你覺得艾蜜莉做記憶紀念冊對她奶奶有什麼意義？

- 你覺得故事裡「記憶保管人」是什麼？他們有什麼作用？

- 你覺得失智症是什麼？你會怎麼對待失智的人？

- 你有什麼記憶是你最珍惜的？你會怎麼保存它們？

學習愛物惜物的智慧

　　《爺爺一定有辦法》是從古老的猶太童謠〈喬瑟夫有件舊外套〉取得靈感，把童謠中的裁縫換成了爺爺，又加了一個小孫子。故事透過一個猶太家庭的日常生活，將民族的傳統文化和親情生動的表現出來，也傳遞出惜物愛物，為舊物找出新價值的精神。裁縫師爺爺在約瑟心中具有超凡的能力。毯子髒了，約瑟說：「爺爺一定有辦法。」結果爺爺運用巧手，把毯子變成了外套。外套變小件了，約瑟說：「爺爺一定有辦法。」結果外套變成了背心。隨著時間推移，

▶《爺爺一定有辦法》

作者：菲比‧吉爾曼
　　　（Phoebe Gilman）
繪者：菲比‧吉爾曼
　　　（Phoebe Gilman）
出版社：上誼文化

伴隨約瑟成長的毯子，在物資重複利用下，最後竟然變成了一顆小鈕扣。同中求異，重複的情節，讓孩子預期每次爺爺出手時，都會出現一個驚喜，也能感受到祖孫間的信任和親情。這本繪本的圖畫非常細膩，描繪出充滿濃厚人情味的小鎮和約瑟的家庭，古樸中充滿溫潤的美感。不論是爸爸幫人修補皮鞋，還是爺爺不斷的將老東西翻新使用、變出新意，都傳達出珍惜資源的價值觀。

共讀時可以討論的問題：

- 你覺得爺爺怎麼把毯子變成了外套？外套又怎麼變成了背心？
- 你覺得約瑟對爺爺有什麼感覺？你對你的祖父母有什麼感覺？
- 你有什麼東西是從小就一直陪伴你的？你會怎麼珍惜它？

如何和孩子談生離死別

　　《樓上外婆和樓下外婆》是作者狄波拉的自傳，以生動溫馨的方式描繪了他與祖母和曾祖母共度的美好時光。這些與家人相處的溫暖記憶，被他視為上天給予的最好禮物，並成為他成長的養分和勇氣。在文本表現上，狄波拉以第三者全知的觀點敘述，文字樸實流暢，彷彿身歷其境。隨著故事的進展，可以深刻感受到角色的情緒變化和心理轉折。在圖像表現上，狄波拉運用平視角度、溫暖淡雅的色彩和簡單圓潤的線條，給人一種安定和沉穩的感受。每頁邊緣加上手工質感的框線，讓畫面產生定格的感覺，刻意營造出懷舊感，就像一張張泛黃的老照片，也像是腦海中的童年回憶。在討論死亡時，狄波拉用隱喻的方式來表現，有助於減輕孩子對於死亡的恐懼，並幫助他們理解和接受生離死別。

▶ 《樓上外婆和樓下外婆》

作者：湯米‧狄波拉（Tomie dePaola）
繪者：湯米‧狄波拉（Tomie dePaola）
出版社：維京國際

共讀時可以討論的問題：

- 你覺得湯米對於曾祖母去
  世有什麼感受？你會如何
  安慰他？

- 你能找出書中哪些細節是作者用來表現角色情感變化的？

- 你覺得書中哪一個場景最讓你感動？為什麼？

- 如果你是湯米，你會如何記住你和祖母共度的美好時光？

- 你能想到哪些方式來紀念已經去世的親人？

學習了解和關懷長者

　　《一直一直在長大》以活潑的方式引導孩子用愛的眼光去認識周遭的爺爺奶奶。書中的圖像可愛且色彩繽紛，表現出長者充滿朝氣的生命歷程，打破了年老等於灰暗、悲傷、病痛、死亡的刻板印象。文本使用第三人稱和第二人稱的眼光交替的敘述長者的狀態和心聲，能引發孩子的共鳴和同理心。共讀這本繪

本，能夠刺激孩子思考：即使一個人的身體或行動可能因為年齡或疾病受到限制，但仍可以用充滿希望的眼光去看世界，享受世界的美好。孩子也能從中正視生命的價值和意義，學習去了解和關懷長者的福祉。

共讀時可以討論的問題：

- 你覺得書中的爺爺奶奶是怎麼樣的人？
- 你覺得書中哪一個場景最讓你感動？為什麼？
- 你如何看待年老和生病？你對此有什麼想法？
- 你覺得如何才能用充滿希望的眼光看待世界？
- 你覺得如何才能更好的了解和關懷周圍的長者？

家有一老，如有一寶

《我的新奶奶》描述了小女孩妮妮如何看待她的奶奶隨著年齡增長所發生的變化。雖然奶奶仍然是同一個人，但由於年老帶來的變化，使得她在妮妮眼中變得「新」起來。這可能會引起許多孩子的疑問，但隨著故事的進展，他們會越來越清楚的理解這種變化。

在高齡化社會中，我們常會遇到這樣的老人問題，包括家庭照顧和社會資源的運用。書中的奶奶以前喜歡到處旅行，並將各地的新見聞和菜餚介紹給家人。然而隨著年齡的增長，她最後抵達了妮妮家，這代表了妮妮家庭角色和責任的調整。作者用淡棕紅的色調營造出全書溫馨的氣氛，並在精鍊的文字中描繪出許多未曾提及，卻充滿細膩情感和豐富回憶的細節。

▶ 《 一直一直在長大 》

作者：伊莉莎白・布哈蜜（Elisabeth Brami）
繪者：奧荷莉・吉耶黑（Aurelie Guillerey）
出版社：維京國際

▶ 《 我的新奶奶 》

作者：伊莉莎白・史坦肯納（Elisabeth Steinkellner）
繪者：米歇爾・羅爾（Michael Roher）
出版社：小天下
Copyright © 2011 by Verlag Jungbrunnen Wien

共讀時可以討論的問題：

• 你覺得故事中的奶奶是怎麼樣的人？你覺得「新奶奶」有什麼不同？

• 你有沒有注意到書中哪些細節？例如：奶奶床頭的爺爺照片、她帶回來的
  紀念品，或者每一頁都出現的小老鼠。

• 你覺得媽媽為什麼要請艾阿姨來幫忙？這對妮妮和她的家庭有什麼影響？

• 你能分享一些和爺爺或奶奶相處的快樂經驗嗎？

打開童年回憶的金鑰匙
兒時記憶是了解自我的催化劑

　　家對孩子來說是最熟悉的避風港，而圍繞家庭內外發生的種種生活經驗，能夠喚起孩子對家的依戀與安全感。這些可能包含媽媽煮菜的香氣，爸爸回家時的擁抱，以及家人一起吹熄蛋糕上蠟燭的滿足。這些珍貴的記憶能夠支持孩子，讓他們以家為根基，健康快樂的成長。

　　有關家庭的童年故事像一種自我了解的催化劑，有助於孩子思考自己是誰、自己的感覺，以及與家人的關係或問題。例如：《荷花鎮的早市》透過穿梭遊覽的方式描繪出江南水鄉及特有的市井文化，同時將人與人之間的親切互動和對故鄉、親人的眷戀含蓄傳達。《山中舊事》追憶兒時與祖父母生活在美國西維吉尼亞州山區那種平靜安逸、溫暖純樸的生活。《團圓》將家人久別重逢後團聚的期待與喜悅，以及為了生活得離家到外地工作的依依不捨的深情呈現了出來，內斂而動人。3位創作者的童年及當地的人情與地理環境對他們本身及寫作的影響很深。他們透過生活化的描述，將時代背景、文化、宗教及傳統習俗自然的帶出，內容樸實動人，流露出兒時愉快的回憶及淡淡的鄉愁。以下所介紹的相關閱讀活動，有助於引導孩子對於文本產生反應，並觸發孩子將故事的影像與生活中的事物連結起來。

▶《團圓（中英雙語＋線上朗讀）》

作者：余麗瓊
繪者：朱成梁
出版社： 信誼

閱讀前

　　讓孩子先將書本瀏覽一遍，透過閱讀書名與封面圖畫，預測內容是什麼樣的故事，以及故事發生的地方、時代等。

閱讀中

　　鼓勵孩子仔細欣賞插圖的細節，以了解文本中不熟悉的文化與生活環境，並透過提問讓孩子深入探索文本。

提問

　　你認為《荷花鎮的早市》故事發生的地點在哪裡？對孩子提示周翔兒時曾住在江蘇省南通市，並幫孩子從地圖上找出該省的不同地區。再將孩子與作者的經驗相連結，並提問：「如果由你來寫自己的回憶故事，地點會在哪裡？這個地點有什麼特色？」

　　在《山中舊事》中，大家會利用小游泳水坑做些什麼？你家附近是否有大家

都喜歡聚集的地方？大家都在那裡做什麼？

好運幣是什麼？為什麼《團圓》中的毛毛那麼在意好運幣？當她將好運幣轉送給爸爸時，心裡想些什麼或期待什麼嗎？

閱讀後

進行提問與寫作。

提問

《荷花鎮的早市》、《山中舊事》與《團圓》寫的回憶內容是什麼？如果是你寫，你會想寫些什麼？

陽陽的奶奶過八十歲生日時，家人們準備了什麼幫她祝壽？麵條代表了什麼意義？你出生時有收到什麼特別的祝福嗎？

勞倫特必須到山下井裡取水並燒熱洗澡，你覺得那種感覺如何？和我們的生活方式有什麼不同？

毛毛的爸爸為什麼每年只回家一次？是什麼時候？他的職業是什麼？他用什麼方式表達對家人的愛與關懷？

寫作

《荷花鎮的早市》、《山中舊事》與《團圓》都是圖與文相輔相成、感情豐沛的優質繪本。同樣擅長描寫個人成長故事的繪本作家派翠西·波拉蔻（Patricia Polacco）曾說：「寫你經歷過的事，當故事對你有意義時，可能

對別人也會產生意義。」這句話道出了他們寫作的要點。其中《山中舊事》重複的點出主題「我小時候住在山上」，已為故事立下了一個極好的開場及結尾，很適合做為孩子寫作的範例。如果孩子還不太會寫字，也可以用畫圖表現，請參考以下步驟：

❶ 反覆欣賞《荷花鎮的早市》、《山中舊事》與《團圓》後，讓孩子完成自己的回憶備忘錄。

❷ 朗讀《山中舊事》，並特別強調開頭句子：「我小時候住在山上」。

❸ 參考回憶備忘錄，完成學習單一到四，並畫上符合文本的圖畫。

❹ 請孩子發表他們所完成的學習單的內容，包括文本與圖畫。

❺ 參考 3 本書的封面，思考自己學習單內容的重點後，創作一個適合的書封與書名，將封面與學習單裝訂成書。

延伸活動

回憶備忘錄

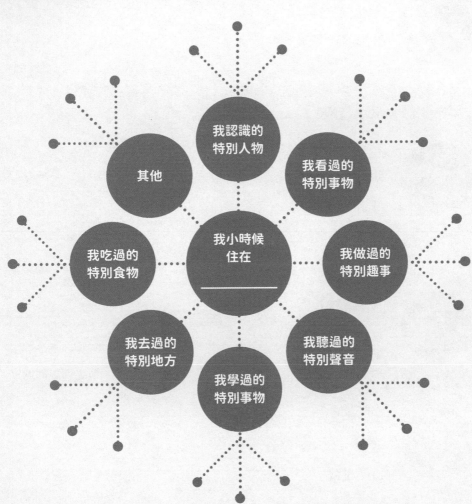

我認識的
特別人物

我看過的
特別事物

其他

我小時候
住在
_____

我做過的
特別趣事

我吃過的
特別食物

我去過的
特別地方

我學過的
特別事物

我聽過的
特別聲音

學習單

學習單 ❶

我小時候住在 ＿＿＿＿＿＿＿＿＿＿＿＿＿＿＿＿＿，

在餐桌上擺滿了 ＿＿＿＿＿＿＿＿＿＿＿＿＿＿＿。

學習單 ❷

我小時候住在 ＿＿＿＿＿＿＿＿＿＿＿＿＿＿＿，

我／我們帶著 ＿＿＿＿＿＿＿＿＿＿＿＿＿＿，

走過 ＿＿＿＿＿＿＿＿＿＿＿＿＿＿＿＿＿＿，

穿過 ＿＿＿＿＿＿＿＿＿＿＿＿＿＿＿＿＿＿，

到了 ＿＿＿＿＿＿＿＿＿＿＿＿＿＿＿＿＿。

學習單 ❸

我小時候住在 ＿＿＿＿＿＿＿＿＿＿＿＿＿＿＿，

星期天我們 ＿＿＿＿＿＿＿＿＿＿＿＿＿＿＿。

學習單 ❹

小時候住在 ＿＿＿＿＿＿＿＿＿＿＿＿＿＿＿＿，

我 ＿＿＿＿＿＿＿＿＿＿＿＿＿＿＿＿＿＿＿。

這就是我 ＿＿＿＿＿＿＿＿＿＿＿＿＿＿＿＿。

延伸閱讀　　動人的童年繪本

　　除了以上的 3 本繪本，這類動人的童年故事還有不少值得介紹給孩子的，例如：《鐵路腳的孩子們》（呂游銘），作者將自己童年時間（約 1960 年）萬華車站旁的市民生活，例如：看牛車在路上行走、欣賞野台戲，以及嬉戲於戶外的樸趣生活，透過童稚的眼光細膩描繪，讓孩子一窺早期台北市的生活樣貌。

　　《三支金鑰匙》透過如夢境般的場景，遊走在捷克布拉格四季的風光與歷史文化中，引領讀者認識他的故鄉及感受他的童年回憶。還有《媽媽做給你》講述樂觀堅強的單親媽媽透過親手縫製的東西，讓生活不優渥的長谷川義史也能感受到滿滿的溫暖和愛。《外婆住在香水村》作者描述兒子童年時即敏銳、體貼，充滿童稚的安慰與鼓勵她度過喪母之痛，溫暖的三代情動人呈現。父母可以參考所提供的閱讀活動與孩子一起溫馨共讀。

▶ 《媽媽做給你》

作者：長谷川義史
繪者：長谷川義史
出版社：維京國際

別小看短耳兔，自信會長高！
支持孩子的正向行為

幼兒在成長過程中經常面臨自我認同和與人相處的考驗，優秀且內容和孩子的生活相關的繪本，特別能吸引他們的注意。當孩子欣賞故事時，會觀察主角面對問題時怎麼處理，然後自由聯想到自己的情形，透過模仿、學習等找出自己面對事情時的解決方法。研究證實，親子共讀對於提升孩子應付壓力時的能力和自信有極佳的效果。透過父母在共讀中和幼兒互動討論、支持與鼓勵，能讓幼兒在安全、輕鬆的氛圍中，進行腦力激盪，同理主角、模擬處理問題的態度和技巧等。

學習自我認同、社會技巧和問題解決方法

《短耳兔 1：我是短耳兔》這本溫馨的原創繪本以耳朵短短、圓圓，像蘑菇的小兔子冬冬為主角。儘管媽媽說他的耳朵很可愛、很特別，但冬冬不喜歡自己的短耳朵，因為它們和其他兔子的不一樣，也因此產生了自我形象的困擾。當冬冬努力的想辦法把它們藏起來和做改變時，會發生什麼有趣或驚險的事呢？

原來冬冬很有恆心和想像力，他吃營養的食物，夾耳朵……還規律的用樹代

替尺測量與記錄耳朵的生長變化，但這些努力改變不了短耳兔的基因。後來冬冬突發奇想的用戴麵包耳朵偽裝成長耳兔，沒想到麵包的香氣吸引了老鷹前來捕獵。就在急迫的當下，冬冬不再受限是長耳兔或短耳兔，他的勇氣讓自己成為願意犧牲生命救同伴的英雄兔！

這本書的圖像也富有巧思和玄機，例如：封面家族照中戴帽子的爺爺，暗示冬冬可能是隔代遺傳的短耳兔。拉長的折頁表現出老鷹突擊時的危急和大家的驚惶失措。還有冬冬照鏡子時，鏡面反映的只有特寫的長耳朵而沒有他的臉，顯示冬冬的自我形象是從別人對他的態度來決定。

其實大部分的孩子在成長過程中，都會關注自己的外貌是否和別人的不一樣，渴望得到別人的認同和接納。然而冬冬真正需要改變的是他的自尊、自信，和自我價值。在尋求外貌改變的過程中，孩子們看到了冬冬的許多優點，包括努

▶ 《短耳兔 1：我是短耳兔》
▶ 《短耳兔 2：小象莎莎在哪裡？》
▶ 《短耳兔 3：冬冬的考卷不見了》
▶ 《短耳兔 4：麵包宅急便》

作者：劉思源
繪者：唐唐
出版社：親子天下

力不懈、會做好吃的麵包、願意為朋友付出，就連冬冬所嫌棄的短耳朵都成為救命的寶貝。故事的最後冬冬開了一家有做長耳朵和短耳兔餅乾的麵包店，表現出蛻變後的冬冬和大家都接受了即使不一樣也很好呀！

　　作者劉思源、繪者唐壽南除了共同創作《短耳兔1：我是短耳兔》，還創作了《短耳兔2：小象莎莎在哪裡？》、《短耳兔3：冬冬的考卷不見了》、《短耳兔4：麵包宅急便》，成為一系列的短耳兔繪本，被翻譯成5種以上的語言出版，得到世界各地大小讀者的喜愛。這些故事都是有關自信、勇氣、愛和關懷的主題，能讓孩子在閱讀中，潛移默化的獲得自我認同，學習社會技巧。

故事概要	遭遇問題	主角的正向行為
《短耳兔1：我是短耳兔》：短耳兔冬冬天生耳朵又短又小，雖然他盡了一切努力，耳朵還是沒有長長。於是他自製了麵包耳朵偽裝成長耳兔。沒想到這對麵包耳朵讓他從老鷹爪下逃生，並給了他靈感，開了「兔耳朵」麵包店。	• 冬冬不接受自己天生的外表。 • 受到同儕的取笑。	• 努力嘗試讓耳朵變長，符合自己的希望。 • 犧牲自己，保護朋友。
《短耳兔2：小象莎莎在哪裡？》：冬冬班上來的新同學小象莎莎非常喜歡冬冬，但冬冬覺得有點煩，於是趁玩躲貓貓時，甩掉莎莎。	沒有考慮開玩笑可能造成的問題或危險。	• 接受莎莎與別人不一樣的行為。 • 擔心莎莎的安危展開尋找的行動。
《短耳兔3：冬冬的考卷不見了》：冬冬數學考不好，趁老師不注意時，將考卷偷走藏起來，但隨時怕被發現。沒想到偷走的其實是別人的考卷。	因考不好產生情緒壓力，做了一連串錯誤行為，感到後悔。	從錯誤經驗中反省與成長。

圖一

　　為什麼這 4 本臺灣原創繪本能夠跨越文化的隔閡，得到許多孩子的喜愛？親子共讀時，能夠從中得到什麼啟發？創作者的理念和作品之間有什麼關係？這些背景知識能夠幫助親子共讀時，進行有層次的深度閱讀。筆者以前 3 集為例，將 3 本書的概要、問題、正向行為做了系統化整理。（圖一）此外，也訪談了作者劉思源，分享她的創作精神及歷程。父母可以參考這些資訊和孩子討論，透過閱讀、分享、省思、反饋統整孩子的經驗和想法，提升他們的社會發展和問題解決能力。

訪談劉思源的創作歷程分享

Ⓠ　請你談談創作《短耳兔 1：我是短耳兔》的發想。

A：一開始就設定了以兔子為主角的擬人化故事。兔子給人一般的印象是可愛、活潑、好動、充滿探索的興趣，正符合幼兒階段的行為模式。而兔子最大的特徵就是兩隻長長的耳朵，所以我從這一點開始發想：如果有隻兔子他的耳朵很短，那會發生什麼事呢？他會喜愛或討厭他的耳朵嗎？如果他想要一雙長耳朵，他該怎麼辦？

Ⓠ　【短耳兔】系列的情節轉折很吸引人，請你為我們分析一下故事的架構。

A：這 3 本書採用的都是直線性的敘事結構，是從「前」到「後」的順向時間軸。例如：《短耳兔 1：我是短耳兔》是小兔冬冬從懷疑到肯定的一段自我認同旅程。故事從一開始，冬冬發現自己的耳朵很短，和別的兔子不一樣（起：動機），於是天真的想方法改變（拚命的吃營養食物、把耳朵夾在曬衣繩上，讓耳朵可

以變長（承：展開行動），沒想到所有的努力都失敗，失望之餘他用帽子把短耳朵藏起來（轉一：遇上挫折和困難而退縮）。然而，大風把帽子吹走，他又異想天開，用麵粉做出 2 隻長長的兔耳朵麵包。當他心滿意足的把麵包耳朵黏在頭上，卻吸引老鷹前來捕獵（轉二：解決初始問題，卻引發新的問題），最後跌落草叢中，發現自己原以為小小、圓圓、不起眼的耳朵，竟然是最佳的天然保護，幫助他避開老鷹的追擊（合：認同自我）。

Ⓠ **請問你希望透過這 3 本書，傳達給讀者什麼訊息？**

A：藉由擬人化角色的投射作用，陪著孩子練習成長中的各種課題，例如：《短耳兔 1：我是短耳兔》中，當小兔面臨挫折時，讀者可以和小兔一起經歷從憤怒、隱藏、面對，到完全接納的心路歷程，學會認同自己並建立信心；或是在跟著小兔解決問題的過程中，激發內在的勇敢和信實等正向特質。這系列另一個主題是愛與友誼，例如：小兔冬冬因為喜愛小兔蜜蜜，願意在老鷹來襲時挺身保護她，從自我中心轉而肯為別人著想和犧牲。《短耳兔 2：小象莎莎在哪裡？》則是對比組，一個大一個小；一個聰明一個傻氣，完全異質的兩人如何在關係中連結或斷裂，最後懂得珍惜彼此，互相寬容，成為真正的好友。我期盼在書中建立一個觀念：看重每一個孩子的特質，只要大家互相了解和尊重，就能解決差異帶來的不安與誤解，豐富彼此的生命。

欣賞英雄之旅的繪本

欣賞完關於尋求自我和助人的【短耳兔】系列後，還可以閱讀以下廣受孩子們喜愛的英雄之旅繪本，看看這些小英雄們在面對困難與窘境時，如何利用幽默、樂觀化解難題和維持友誼，培養孩子挺過挫折壓力，走出低潮逆境的韌性。

勇敢踏上夢想、友誼與冒險的奇幻之旅

《貓頭鷹騎士》是一本獲得美國凱迪克榮譽獎的繪本，主角小貓頭鷹從小就夢想成為「真正的」騎士。當面對餓龍的挑戰與威脅時，小貓頭鷹無懼的堅持使命，鎮定、機智的說服和滿足餓龍的需要，甚至讓彼此成了好朋友！這個懸疑、俏皮的故事，充滿溫柔的體貼與感動。作繪者克利斯多佛・丹尼斯（Christopher Denise）運用強烈的對比和明暗來表現光影效果，並運用曲線和視角來表現動感和張力。他還利用了不同的色調來營造特殊的氛圍和情緒。細緻的背景也描繪出許多文字以外的細節。圖文互補的效果，提升了故事的藝術性和吸引力。

這本書不僅是一個有趣的故事，還包含許多深刻而有意義的價值觀，啟發孩子對於自我、他人和世界的認知與思考。例如：小貓頭鷹沒有因為自己的外表、習性或能力而自卑或放棄夢想，反而將它們轉化成其他騎士沒有的長處，並且努力的實現目標。當他面對困難和危險時，也不是用威嚇和暴力去解決問題，而是善用頭腦、心靈和友誼。以下提供幾點共讀的建議。

閱讀前：

可以欣賞封面，問孩子對於貓頭鷹和騎士有什麼印象，是否有看過或聽過相關的故事或影片，引起孩子的興趣和期待。

閱讀中：

可以請孩子注意書中的圖畫細節，例如：小貓頭鷹和龍的表情、動作、服飾，以及背景中的色彩、光影、物件，讓孩子感受故事的氛圍和情緒。也可以問孩子對於圖畫的某些細節有什麼想法，幫助他更投入故事。

閱讀後：

- 可以和孩子討論書中的主題和價值觀，例如：小貓頭鷹是如何實現自己的夢想？龍是如何從敵人變成朋友的？小貓頭鷹和龍有什麼優點或需要補強的地方？他們是如何互相理解和幫助的？這些問題可以幫助孩子思考故事中的寓意和啟示，並且和自己的生活經驗連結。

- 可以和孩子進行一些延伸活動，例如：畫畫、扮演，讓孩子們發揮自己的想像力和創造力，表達自己對故事的理解和感受。也可以讓孩子選擇自己喜歡的角色或場景來做為主題，或是改編故事的結局或情節，增加趣味性和挑戰性。

- 可以和孩子分享一些相關的知識或資訊，例如：貓頭鷹和龍在不同文化中的象徵意義、貓頭鷹在自然界中的特徵和習性、騎士在歷史上的角色和地位，擴展孩子的視野和知識。

▶ 《貓頭鷹騎士》

作者：克利斯多佛‧丹尼斯（Christopher Denise）
繪者：克利斯多佛‧丹尼斯（Christopher Denise）
出版社：維京國際

樂觀的面對挫折與挑戰

　　《英勇的娜丁！》是一本充滿
冒險精神和幽默智慧的繪本。故事講述了乳牛娜
丁為了證明自己的勇氣，提議夥伴們一起去森林探險，結果意外的增長了見聞、
挑戰了自我，成為農莊中的英雄。故事強調探索與行動，鼓勵孩子勇於嘗試。

　　整體的結構利用時間的推進，分成了不同的章節，讓孩子察覺到時間、事件
及角色情緒間變化的關係，形成了一種閱讀的節奏感。故事中，文字的使用非
常精鍊，帶動活潑懸疑的氣氛。充滿情緒且直白的角色對話，將角色的特質表
現得栩栩如生。運用水彩、鉛筆、蠟筆及拼貼媒材繪製成的圖像，營造出立體
與層次的美感。卡通般滑稽的造型與誇張特寫的表情，定調出歡愉逗趣的氣氛。

　　除了欣賞《英勇的娜丁！》優良的文學及藝術性外，其中蘊含的幽默智慧也
值得汲取。若孩子發展出這樣的美德與智慧，將有助於打破人際衝突，把生活
點綴得更多采多姿，也容易將壓力與挑戰轉化為正面的動力。親子共讀時，可

以輕鬆聊聊娜丁的特質和她充滿喜悅活力的態度，培養樂觀豁達的人生觀。

擁抱志向，探索未知的旅程

《跟著老虎深海潛水員去探險》、《跟著北極熊植物獵人去探險》、《跟著松鼠太空人去探險》是由雪倫・任塔（Rentta, Sharon）所創作的「動物探險家」系列，透過動物們的冒險故事，引導孩子們一探深海、森林和太空的奧祕，並且鼓勵他們追尋自己的夢想。

《跟著老虎深海潛水員去探險》讓孩子們隨著老虎托比進行深海的探險和救難工作，開闊了他們對於未知的海底世界的視野和想像，鼓勵他們珍惜與守護海洋的生命之美。《跟著北極熊植物獵人去探險》充滿了知性與感性，集合了夢想、創意、探險、生態、環保等元素。孩子在閱讀中，可以認識他們生活經驗以外的自然世界、分享自己的夢想。《跟著松鼠太空人去探險》透過小松鼠史黛拉上太空的故事，引導孩子認識太空人的訓練過程與探險任務。即使史黛拉因為身高被拒於太空學校外，但她仍堅持旁聽學習，持續的自我鍛鍊，最後終於登上太空，完成任務。

這三個英雄之旅的故事激勵了孩子們擁抱志向，探索未知的旅程，和勇於面對逐夢過程的挑戰。每本書的最後都附錄了啟發作者創作靈感的來源，包括了第一位進入太空的人類尤里・加加林，以及創下世界紀錄的海洋探險家席薇亞・厄爾，總計 10 位在太空、深海和森林領域有卓越表現的名人事蹟。閱讀這一系列的繪本，孩子們可以學習豐富的知識，也能獲得寶貴的人生啟示。

地球是我們的家，一起翻轉永續未來
認識 SDGs 培養世界公民

永續發展教育和永續發展目標

聯合國從 2005 年開始推動永續發展教育（Education for Sustainable Development ，簡稱 ESD）計畫，並在 2015 年提出了 17 項「2030 永續發展目標」（Sustainable Development Goals, 簡稱 SDGs）做為未來世界的願景藍圖，請見圖一。

圖一：永續發展目標（SDGs）

目標在 2030 年前，消除像是貧窮、飢餓等問題，並在兼顧經濟、社會與環境保護下，實現共融成長的永續家園。永續發展 17 項目標彼此環環相扣、密不可分，無法只從單個目標去規畫單一的行動方案，而是以多元角度去衡量全球永續發展所需的層面，目標涵蓋了「經濟成長」、「社會進步」、和「環境保護」三大面向，請見圖二。

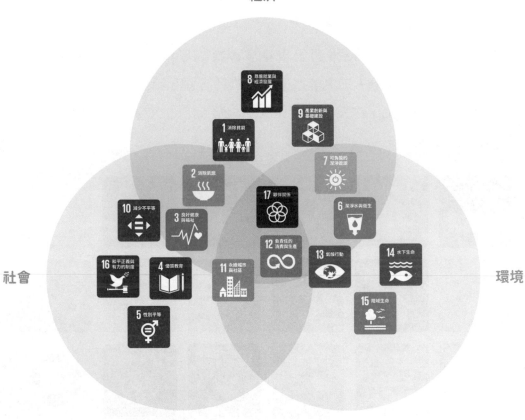

圖二：個別 SDG 與經濟、社會、環境三大面向的關聯示意圖

為了讓永續觀念從小扎根，2019 年聯合國在 4 月 2 日「國際兒童圖書日」，成立了永續發展圖書俱樂部（SDG Book Club），依據 17 項永續發展目標，為 6 到 12 歲孩童精心挑選一系列永續發展圖書書單，在每項目標之下，都可以找到適合閱讀的書單。也鼓勵各地成立自己語系的圖書俱樂部，開啟永續閱讀行動。聯合國常務副秘書長阿米娜·穆罕默德說：「真正的永續發展，只能在最年輕人類的支持下，方能達成；我們要以閱讀培養新一代的世界公民。」

選擇永續發展繪本的原則

17 項永續發展目標是一種整合式的思維模式，須兼顧多樣化、包容性、交互影響，和包括所有人，請見圖三。

圖三：SDGs 是一種
整合式的思維模式

優良的永續發展繪本必須具備的條件

- 回應永續發展概念的完整度：一本繪本會與多個永續發展目標相關。
- 多維度：考慮時間與空間軸的改變。
- 正面導向：提供激勵與希望。
- 提出解答：思考問題解決方案。
- 現實程度：根據事實，知識正確無誤。

　　當孩子們閱讀以自己為中心出發看世界，並且符合以上條件的繪本時，會在相對的比較下更進一步的了解世界，提升同理心、愛己助人、保護自然環境的動機，共創永續發展的未來。

既定視角相對於永續視角

　　符合永續發展繪本條件的一定是好繪本，但選擇和閱讀時所使用的「永續視角」，會和以往的「既定視角」不同。例如：以「既定視角」看《讓世界更好：創意回收救地球的真實故事》，會覺得這是一本勵志的繪本，談到團隊合作和一起解決問題。內容包括了垃圾回收，以及非洲的景致和文化，但如果以「永續視角」看，這本繪本是以非洲甘比亞為背景，描述當地女性伊莎圖‧西瑟如何發現塑膠袋對環境和生物的危害，並且帶領其他的婦女就業，還捐贈了部分的收入成立培力中心，幫助當地人學習讀寫及環保。所談的議題涵蓋了社會、經濟、環境。

以時間與空間軸的改變進行多維度的思考

孩子閱讀時，能夠以時間與空間軸的改變進行多維度的思考非常重要，可以幫助他們理解文本中的人物、事件和情節，並且從不同的角度去思考和分析。比如當孩子閱讀一本歷史繪本時，如果能夠把自己置身在那個時代，並且從那個時代的文化、社會背景和價值觀念去理解故事中的人物和事件，那麼他們就能夠更深入的理解故事的內涵。同樣的，當孩子閱讀一本描述不同地方的繪本時，如果能從不同地方的風土人情和地理環境去理解故事，那麼他們將更能好好的欣賞。例如：《我們的世界：地球上的24小時》是以一天24小時為時間軸，展示地球上不同的地方和場景，表現世界的多樣性和美麗。傳達出對生活和自然的好奇和敬畏，讓孩子感受到人類與動物間的關聯和差異，意識到人們共享這個星球的責任和使命。

避免對立和刻板印象

繪本必須避免對立和刻板印象，因為可能會對孩子造成負面影響，像是對某一類人或事物用比較固定、概括而籠統的看法表現，阻礙孩子對於世界的理解。繪本應該盡可能提供一個多元、包容和正面的世界觀。例如：《安妮‧法蘭克——密室裡的女孩》客觀真實的引導孩子走進安妮的世界，感受第二次世界大戰時，她因為逃避納粹的屠殺，躲在密室裡的恐懼和夢想。故事並沒有批評德國人或猶太人，而是強調納粹政權真實的運作有多詭異，以及他們如何讓人們去做那些可怕的事情。真正探討的問題是，如果當時換做是我會怎麼做？繪本

的最後附有年代事紀，能夠幫助孩子了解時代背景，思考處於兩難情境下的人性、自由和正義。幫助孩子對於生命和未來充滿希望，而非恐懼或仇視。

後現代繪本的顛覆與反思

後現代繪本是一種強調結構性的虛構繪本，運用諷刺和自我反省的手法，幫助孩子發展批判性思維，並且鼓勵他們思考繪本和現實世界間的關係。這類繪本還可以幫助孩子理解繪本如何創造和傳遞意義，進而發展想像力和創造力。孩子們透過閱讀後現代繪本，能夠理解故事的多層次性，和探索不同的解釋與觀點。例如：《山是我的家》是一本雙向閱讀的繪本，畫風簡潔而富有表現力，色彩溫暖而明亮，反映出對大自然的熱愛和尊重。運用牧羊人和狼的不同視角來講述同一個故事，讓孩子體會每件事都是一體兩面，沒有完全的對或錯。鼓勵孩子從不同的角度看待世界，學會和平共存。有助於培養孩子的同理心、思考力和想像力，也可以引發他們對於人和自然關係的關注和討論。此外，改編自《小紅帽》的《最後一匹狼》中，小紅帽一改傳統柔弱、無知的特質，幫助三隻因為森林遭受人類破壞和汙染而瀕臨絕種的動物。她種樹造林和讓更多的人類知道自然生態的重要性，呼籲人類和動物和諧相處，共同維護地球的自然生態。

延伸閱讀　永續發展繪本賞析與共讀建議

　　永續發展繪本非常的多元多樣，世界各地已回應聯合國，精選出符合當地語系的永續發展書單。

　　以下使用 5 本符合不同永續發展目標的繪本做為範例，進行賞析及共讀建議。

聯合國的永續
發展書單

臺灣圖書館的
永續發展書單

《你的身體是你的》

- **與 SDG3：**良好健康與福祉——確保健康的生活方式，促進各年齡層人群的福祉具有高度相關。

- **繪本賞析：**這是一本知識性繪本，用淺顯易懂的文字和生動有趣的插畫，向孩子們介紹有關性別和防止虐待的議題，也向孩子們傳遞了一個重要的信息：你的身體屬於你自己，不屬於別人。它教導孩子們如何設定界限。在愛自己的同時，了解自己的身體，包括各個部位，例如：肛門、外陰等私密處的正確名稱，並學會如何保護自己的身體，勇敢的拒絕任何不合適或不舒服的接觸。

▶《你的身體是你的》

作者：露西亞・瑟蘭諾（Lucía Serrano）
繪者：露西亞・瑟蘭諾（Lucía Serrano）
出版社：維京國際

- **親子共讀建議：** 共讀時，父母可以利用書中身體部位圖的插畫，教導孩子正確的名稱和功能，並且幫助孩子建立健康的身體和自我保護意識。共讀後，可以和孩子討論書中提到的各種情境，並教導他們如何在遇到類似的情況時，做出正確的反應，包括如何自衛和尋求幫助，將書中的信息融入日常生活中。

- **與經濟、社會、環境三大面向的關聯示意圖：**《你的身體是你的》除了與 SDG 3 高度相關以外，也與 SDG4、5、10 具有中度或些許相關（見圖一）。

圖一

三大面向的關聯：

《我們是水源守護者》

- **與 SDG6：** 潔淨水與衛生 —— 為所有人提供水和環境衛生，並對其進行永續維護管理具有高度相關。

- **繪本賞析：** 獲得美國凱迪克金獎的《我們是水源守護者》是以美國北部原住民抗爭事件為背景，從多個角度呈現水源保護的重要性。故事敘述一個女孩如何成為水源守護者，首先從原住民視角出發，水對於他們不僅是生命的泉源，也是文化和信仰的根基。再從環境視角出發，揭露了「黑蛇」（指輸油管道）對於水源和生態系統造成的威脅和破壞。最後從行動視角出發，呼籲我們不要只做旁觀者，要成為水源守護者，為保護家園而努力。插畫運用水彩渲染和多層次的藍色，創造出具有流動性和震撼力的畫面，充滿了細節和象徵的意義。文字具有詩意的美感，簡潔、富有韻律感，朗讀中，彷彿聽到「河流的節奏」。善用比喻和重複的手法來強調水的重要性和提高危機感。

- **親子共讀建議：** 閱讀前，可以先和孩子討論水對於我們的重要性，以及我們日常可以如何節約用水。閱讀中，可以和孩子一起認識美國北部原住民的文化，了解他們與水和大自然的關係，學習尊重不同的生活方式和信仰。閱讀後，可以和孩子一起討論，是否簽署書本附錄的水源守護承諾書，並且思考可以如何實踐這些承諾，例如：不要浪費水，以及參與河川清潔活

▶ 《我們是水源守護者》

作者：卡蘿爾・林德史東（Carole Lindstrom）
繪者：米榭菈・高德（Michaela Goade）
出版社：維京國際

動。此外，也可以和孩子一起欣賞及朗讀書中富詩意的文本。

- **與經濟、社會、環境三大面向的關聯示意圖：**《我們是水源守護者》除了與 SDG6 高度相關外，也與 SDG3、7、10、15、16 具有中度或些許相關，請見圖二。

圖二

三大面向的關聯：

《你沒想過的仿生學》

- **與 SDG9：** 產業創新與基礎建設──建設具備韌性及可永續發展的基礎設施，促進具包容性的永續工業化及推動創新具有高度相關。

- **繪本賞析：**這本書介紹了動物們在自然界中為了面對各種挑戰，發展出許多獨特的構造和能力，人類可以加以學習和應用在社會各種領域的產品設計上。例如：鯊魚的皮膚因為布滿鱗片，鱗片上有一道道的細溝，可以減少水流阻力，讓游泳速度變快，因此被人類模仿，製作出高科技的鯊魚皮泳衣。插畫非常的生動有趣，每一種動物都用第一人稱的口吻向孩子介紹自己的本領，並說明這些本領對人類有什麼用處。

- **親子共讀建議：**閱讀前，可以先問孩子對於某種動物的認識，然後閱讀書

▶《你沒想過的仿生學》

作者：克里斯汀安娜‧多里翁
（Christiane Dorion）
繪者：歌夏‧海爾巴（Gosia Herba）
出版社：臺灣麥克

裡的介紹，看看有沒有令他們驚訝的新發現。閱讀後，可以和孩子討論某種動物的特徵如何幫助他們在自然界中生存，以及這些特徵是如何被人類利用在不同的領域中。可以和孩子一起找參考資料，鼓勵孩子從動物身上學習創新和解決問題的方法。

- **與經濟、社會、環境三大面向的關聯示意圖**：《你沒想過的仿生學》除了與 SDG9 高度相關外，也與 SDG 3、4 具有中度或些許相關，請見圖三。

圖三

三大面向
的關聯：　　　

《我家住在塔帕若斯河岸》

- **與 SDG13**：氣候行動——採取緊急行動，對抗氣候變遷及其衝擊具有高度相關。

- **繪本賞析**：亞馬遜河的主流和支流沿岸散布著許多村落，主角小男孩高爾

▶《我家住在塔帕若斯河岸》

作者：費爾南多‧維萊拉（Fernando Vilela）
繪者：費爾南多‧維萊拉（Fernando Vilela）
出版社：水滴文化

和妹妹伊奈就住在其中，所有的居民都被稱為「河岸人口」。他們和我們一樣有親愛的家人，需要上學，喜歡養寵物等。當地一年只分兩季。冬季因為雨下不停，全村的土地、房子和所有的東西都淹沒在水裡。因此人們除了房子，需將所有的東西包括牲口都遷移到乾燥地區，直到夏季再搬遷回來。在這過程中，考驗兄妹倆的勇氣和能力！欣賞這本充滿異國風情的繪本，會被揉合了版畫技法的美麗圖畫深深吸引。人物各個表情十足，凸顯當地人種的特徵和活潑外放的特性。綠意盎然的熱帶雨林景色，時而被陽光照得蒼翠蔥綠，時而被雷雨和河水映照的朦朧如夢境。圍繞在主角四周的巨蟒、海豚和奇花異草的多樣性，呈現人類與萬物共生共榮的景象！

- **親子共讀建議：**共讀時，可以和孩子討論塔帕若斯河岸的生活和美麗風光，仔細觀察畫面的細節，包括當地孩子有無穿鞋子等，比較和自己的日常生活有什麼相似和相異處。共讀後，可以和孩子尋找一些新聞報導，進一步了解塔帕若斯河岸的現況，包括當地的政策為何造成了更嚴重的環境與生態破壞，以及當地居民在沒有得到足夠的健康照顧和教育下，如何保衛自

己的生存權。父母可以和孩子用永續發展的角度討論，如何保護我們的環境，和幫助一些有需要的人。

- **與經濟、社會、環境三大面向的關聯示意圖：**《我家住在塔帕若斯河岸》除了與 SDG13 高度相關外，也與 SDG1、2、3、4 具有中度或些許相關，請見圖四。

三大面向
的關聯：

圖四

《黑猩猩的好朋友：珍‧古德》

- **與 SDG15：**陸域生命——保護、恢復和促進陸域生態系統永續利用。維護森林，防治沙漠化，抑制並扭轉土地退化，以及遏制生物多樣性的喪失具有高度相關。

- **繪本賞析：**這個介紹動物保育的先鋒和人道主義者珍‧古德（Jane Goodall）的真實故事，能夠增進孩子對黑猩猩的認識，培養保育意識，啟發對自然和生命的尊重。繪本的文本簡潔，插畫典雅，表現出珍‧古德一生對動物的好奇和愛心，以及她長年在非洲森林中和黑猩猩相處的重大發現。構圖設計具豐富變換的視角，例如：當珍‧古德還沒踏上非洲岡貝前，畫面都用單頁和小畫框表現，視野和心情都感覺比較拘束、受限。當

▶《黑猩猩的好朋友：珍·古德》

作者：貞娜·溫特（Jeanette Winter）
繪者：貞娜·溫特（Jeanette Winter）
出版社：維京國際

珍·古德抵達岡貝後，畫面使用跨頁，沒有畫框的方式表現，視野變得遼闊，心情也感覺比較自由、開放。

- **親子共讀建議**：閱讀前，可以讓孩子看一些黑猩猩的圖片或影片，例如：黑猩猩會製造和使用工具，具有社會階級制度，會進行狩獵和戰爭。閱讀中，可以指出書中插畫中的細節，例如：珍·古德如何觀察動物，如何和黑猩猩建立信任和溝通，以及如何記錄和分享她的發現。閱讀後，可以和孩子討論他對這本繪本和珍·古德的感想，也可以引導孩子思考他自己有什麼夢想，或者想要保護哪些動物或自然環境？

- **與經濟、社會、環境三大面向的關聯示意圖**：《黑猩猩的好朋友：珍·古德》除了與 SDG15 高度相關外，也與 SDG4、12、16 具有中度或些許相關，請見圖五。

圖五

三大面向
的關聯：

延伸閱讀　　　　　　**特殊孩子與早期共讀**

　　有特殊需求的孩子在早期閱讀上可能會遇到各種挑戰，面對這些挑戰，父母擔任關鍵性的角色，需要提供多樣化的閱讀資源和支持來滿足不同孩子的特定需求，讓他們能夠享受閱讀的樂趣。例如：視障的孩子可能需要有聲書、點字書或口述影像報讀的服務；聽障的孩子可能需要手語資源的選擇；學習障礙的孩子可能需要有聲書等其他多元的數位格式。

永續發展與特殊孩子早期閱讀的關係

　　聯合國《2030 永續發展議程》倡議──「不遺漏任何人」（No one will be left behind），特別是要確保教育的普及和公平，我們不能夠忽視有特殊需求孩子的早期閱讀。這不只是重視孩子個別發展的需要，也是建立更和諧、更包容社會的關鍵。父母可以透過適切的幫助和提供資源，讓孩子能夠享有閱讀的權益，並且從中獲得力量。如果特殊孩子能夠透過閱讀認識到多元文化、環境保護和社會正義等，將能夠幫助他們成為有責任感的全球公民。

早期閱讀對於特殊孩子的意義

　　早期閱讀對於特殊孩子具有學習和療育的雙重好處。根據腦神經科學的研究，親子共讀可以增進親子間的感情，也可以促進孩子的神經元發展和認知功能。

穩定且正面的共讀經驗，可以幫助身心障礙的孩子培養知識、同理心和社會技巧等各方面的能力。早期閱讀也能夠預防或緩解特殊孩子的學習困難。醫學研究發現閱讀障礙可以透過特殊的訓練方法克服，如果能夠早期發現，並且早期治療，有高達九成的孩子最後都能擁有正常的閱讀能力。相反的，如果忽略孩子在閱讀上的困難，不但會影響他們的語文學習，也會影響他們的自信心、動機和興趣，甚至會造成學習障礙的惡性循環。

適合特殊孩子早期閱讀的資源

特殊孩子需要適合自己的早期閱讀方法，並且根據他們的特質和需求，提供各種形式的閱讀和學習資源，以下是一些常見的類型和例子。

為視覺障礙孩子製作的「雙視繪本」和利用口述影像概念的「有聲書」資源

雙視繪本是指把原有的「文字」和它的「點字」共同存在的繪本，讓視障孩子和視力正常的人可以一起閱讀。例如：臺灣圖書館從 2022 年起為照護視力障礙的孩子，以及落實閱讀平權，將「嬰幼兒閱讀推廣計畫」所選出的適合 0～5 歲的經典繪本，像是《騎著恐龍去圖書館》製作成雙視書，送給有 0～5 歲視障孩子的家庭。

另一種模式，可利用口述影像或報讀技巧融入有聲書，將繪本的圖畫和文字透過語音和音效來描述，例如：國立臺灣圖書館出版的《繪本口述影像有聲書》，一共收錄了 28 本繪本，讓視障孩子可以聽到故事中除了文字之外，文字沒有表達，藏於圖畫中的言外之意。

讓學習障礙孩子更容易聆聽為出發點錄製的「有聲書」

利用有聲書以聽覺閱讀的特點，為學習障礙兒童設計的有聲書，它使用簡單易懂的文字和適當的語速和語調來錄製成有聲書，讓孩子可以跟著聲音來閱讀，坊間非常多精采的有聲故事書，都能帶給學習障礙兒童不同的閱讀體驗。

親子天下
有聲故事書 APP

例如：親子天下的有聲故事書系列，都能為孩子打開一扇美好的閱讀之窗。

為使用手語溝通的孩子製作「臺灣手語電子繪本」

臺灣手語電子繪本是把繪本的內容用臺灣手語來呈現，並配合文字和聲音，讓聽覺障礙、聾家庭的孩子可以選擇手語做為閱讀的語言，如《希兒與皮帝的神奇旅行》。臺灣手語電子繪本可以幫助聽障的孩子學習中文，也可以增進聽力正常的人對使用手語的認識和尊重。除了以上的例子，還有許

希兒與皮帝的
神奇旅行：
臺灣手語版

多其他的方式可以幫助特殊孩子進行早期閱讀，例如：使用符號或圖示來代表文字，使用多媒體或互動式的媒材來吸引注意力，使用重複或韻律的語言來增加記憶，使用遊戲或角色扮演來增加參與。這些方法的共同目的，都是要讓特殊孩子能夠透過適合自己的閱讀模式，開啟探索世界的大門，讓他們發現自己的興趣和潛能，找到自己的位置和價值，並且從中獲得學習的成就感。

門鈴又響了，餅乾怎麼分給大家剛剛好？
讓孩子在生活中玩出數學好感度

有關大腦的研究指出，當孩子年幼時就開始讓他們在日常生活中接觸數學問題，將有助於他們日後的學習。幼兒對遊戲和日常生活中的趣味數學題有比較持久的記憶，能記住問題解決技巧，且能較靈活的運用。

將趣味性帶入數學算式中

在傳統的幼兒教育中，數學所佔比例偏低，這常與老師本身對數學缺乏興趣，或不知該如何設計教學有關。若數學只被簡化成數字或算式，例如：$4 + 5 = 9$，將無法激發孩子發現問題的意義及答案的動機。但如果將趣味性的故事放入這個算式中，將使它變得具有吸引力。舉例如下：

故事：

今天是小真的生日，媽媽邀請了愛美來做客，並準備了裝飾有 5 顆葡萄和 4 顆草莓的生日蛋糕為小真慶生，結果小真和愛美一起把蛋糕上的 9 顆水果都吃光了。

聽完故事後，能讓孩子可以理解到：

❶ 算式的意義

請孩子將蛋糕上的水果相加，寫成算式：

4（顆）＋5（顆）＝9（顆）

❷ 量詞的概念

故事中包含了「顆」這個單位量詞的概念。

❸「集合」概念

9 顆水果（母集合）包含 4 顆草莓（子集合）與 5 顆葡萄（子集合）。

挑戰幼兒的比較心──誰的名字比較長？

幼兒喜歡與別人比較，常認為「比較大」或「比較長」等於「比較好」，也常注意「我還需要多少？」、「我有得到公平的份量嗎？」由民間故事改編的《踢踢踢踢天寶》便嵌入了數學的情節，富節奏的韻文讀起來朗朗上口，所衍生的社會情緒面向也符合孩子所關心的問題。內容是一位洗衣婦幫她的大兒子取了一個非常長的名字──踢踢踢踢天寶・農沙軟寶・查理巴黎瑞奇・皮皮佩理偏寶，以示尊貴，卻幫她的小兒子取了非常簡短的名字──點。當「踢踢踢踢天寶・農沙軟寶・查理巴黎瑞奇・皮皮佩理偏寶」掉進井裡時，「點」跑去求助，所有人都一再堅持要「點」說出他哥哥的全名「踢踢踢踢天寶・農沙軟寶・查理巴黎瑞奇・皮皮佩理偏寶」以示尊重，而浪費了寶貴的搶救時間。結果當「踢踢踢踢天寶・農沙軟寶・查理巴黎瑞奇・皮皮佩理偏寶」獲救後，很久才康復。結尾老公公說：從那天起，人們認為為所有的孩子取簡短的名字是一種明智的

做法。而這挑戰了「較大的」、「較長的」等於「較好的」想法。

我們可以拿一張方格紙，將「踢踢踢踢天寶‧農沙軟寶‧查理巴黎瑞奇‧皮皮佩理偏寶」名字中的 22 個字，填入方格中形成一行，然後在下一行將「點」單一個字填入一個方格中，這樣上下兩行一比較就知道誰的名字比較長。然後將上下兩行相減：22-1=21，得知兩人的名字數目相差了 21 個字。「字」在這個算式中成了測量的「單位」，加減與比較的數學問題也因故事性變得有趣及實用。

另一本有關名字的民間故事是《侏儒怪》，故事是說侏儒怪威脅皇后履行之前的約定，如果在 3 天內猜不出他的名字，就會將皇后的孩子帶走，皇后猜了「卡斯珀」、「梅爾基奧爾」等名字，最後通過僕人的情報，終於知道侏儒怪叫「魯姆佩爾施蒂爾茨欣」而保住孩子。也可以請孩子聽完這個故事後，運用文本中提出的名字做數量比較遊戲。

延伸活動

製作直方圖與堆積木

❶ 製作直方圖

　　集合幾個孩子的英文名字，依字母數目製作成由低到高的直方圖，例如：名字中有 3 個字母的 Ave、Nan、Sal，4 個字母的 Mary、Bill，5 個字母的 Allen，請看圖一。並且統計名字中有 3 個字母的共 3 人，4 個字母的共 2 人，5 個字母的共 1 人，請看圖二。

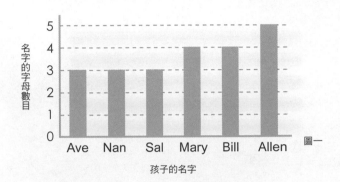

圖一

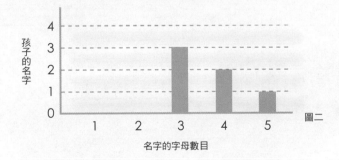

圖二

❷ 堆積木

　　除了用直方圖比較英文名字外，也可以用「積木」做「單位」來比較，例如：運用媽媽 Christine 9 個字母的名字和兒子 Ivan 4 個字母的名字分別堆砌成名字火車或名字塔（見下圖）。 此外也需提醒孩子相同的單位，必須被用來比較

相同的特性，才能「公平的」比較。例如：下圖使用了不同尺寸的積木當單位，很難看出從左邊數來第二個與第三個的名字塔是由相同數量 3 個字母構成的。這些直方圖、名字塔及名字火車各自代表了不同的名字、數量及意義，能讓孩子聯想到一些經驗，引導他們進一步進行提問及討論。

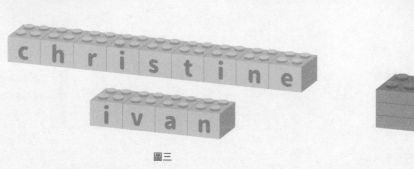

圖三

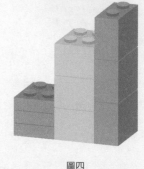

圖四

延伸閱讀　　具有數學觀點的故事

　　可以結合計數及圖表使用的《賣帽子》；思考測量、成長速率及尺寸的《我長大了》。有關數量、序列的《海底 100 層樓的家》。學習 0 與 1 的差別、數的倍數與分解的《奇妙的種子》。以及與數字概念有關，語彙及詞句結構吸引孩子，圖畫富藝術表現力，並包含了從 1 到 22 漸增數量的《小羊睡不著》，能有效的鼓勵孩子觀察及數數。

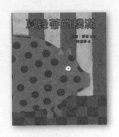

▶ 《夏綠蒂的撲滿》

作者：大衛・麥基（David McKee）
繪者：大衛・麥基（David McKee）
出版社：道聲

　　以繪本引發孩子使用數學思考及解決問題的過程除了結合測量概念外，還可以讓孩子演出，如：《門鈴又響了》的主角急著想吃剛出爐的餅乾，但因為朋友們的陸續加入而面臨餅乾可能不夠分享的兩難情境，最後奶奶無預期的出現，並為大家帶來了更多的餅乾。孩子在閱讀中可以直接感受到當越多的朋友來分享餅乾時，每個人可以得到的就變得越少。進一步了解不同數量的東西，需經過分配來達到公平的分享，以及除法是將一組東西分割成相等的子集合的方法。

　　也可以透過共讀《亨利去爬山》，讓孩子了解有關時間、金錢、距離的測量；《夏綠蒂的撲滿》思考財富的累積是否與願望實現形成正比。幼兒數學的學習必須與生活相關且富有趣味，才能引起孩子的興趣。各種放入數學觀點的故事，或將文本數學化的遊戲都有助於提升孩子的學習動機，讓他們透過閱讀建構並獲取數學的概念。

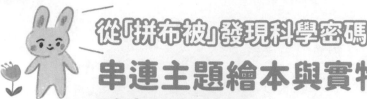

從「拼布被」發現科學密碼
串連主題繪本與實物的跨領域學習

　　繪本與教學的結合須符合學習者的年齡、需求及興趣。若對象是幼兒，需考慮他們的學習是以理解「具體的」事物做開端，慢慢朝向對「圖像的」推理與分析，然後進一步以整合與評量的方式來了解「抽象的」意涵。因此當我們為孩子介紹繪本前，可以先將與故事主題相關的對象拿給孩子看，運用提問引起他們的好奇，再進一步的探索及分享物品的性質、用途及歷史等。

從具體理解到抽象理解

　　拼布被屬於某些文化的傳統物品，它的製作及蘊藏的精神具有不凡的意義。目前各地有不少人收集家中親屬的舊衣服碎布，將其縫製成拼布被，除了可做為紀念品，也可當工藝品欣賞或蓋毯使用。我們可以拿一條拼布被讓孩子觸摸它的質感，觀察它的設計、樣式，並思考、討論，例如：你家有沒有類似的毯子？你認為它有多少年了？它是買的還是自己做的？你認為它有價值嗎？

　　完成具體的物品探索後，再請孩子閱讀《傳家寶被》，喚起他們對「家庭」主題的興趣及熟悉感。故事是媽媽邀請左鄰右舍，一起將小安娜離開故鄉俄國

▶《傳家寶被》

作者：派翠西亞‧波拉蔻（Patricia Polacco）
繪者：派翠西亞‧波拉蔻（Patricia Polacco）
出版社：遠流

時，唯一穿戴的洋裝及頭巾加上一些碎布，縫製成一條拼布被，做為對家鄉的紀念。

這條拼布被在家族中曾被當成生日聚會時的桌布、婚禮的遮篷，以及迎接新生兒的包巾，結果這條拼布被代代相傳，承載了家族對故鄉的記憶及世代間情感的關係。瓦萊麗‧弗盧努瓦（Valerie Flournoy）創作的《拼布被》談的也是與「家庭」有關的主題，主角泰雅認真的幫臥病在床的祖母製作家族拼布被，不僅帶動家人們一起完成祖母的心願，自己也得到了獎賞與讚美。

當故事與物品的探索連結後，我們可以將物品做為跨學科學習的一部分，以探索與數學、科學及社會學科相關的概念。

數學

與孩子一起找出拼布被圖案的形狀及移動方向，以了解其中的「幾何」及「規律」性，並「測量」布塊及被子的面積與周長。

科學

　　與孩子一起發現布料的特質，學習縫製拼布塊及襯裡使用的方法，練習使用量尺、設計的工具及針線，並參與設計到完成拼布被的過程。在這些活動中，孩子實際探索了「材料的科學」、「科技的使用」以及「科學過程的應用」。

社會

　　「家庭」是幼兒熟悉的主題，圖文並茂的《傳家寶被》與《拼布被》是兩本優質的繪本。當孩子們先親眼看見，直接體驗，並知道拼布被是由一塊塊碎布拼製而成後，再欣賞故事，更能領會拼布被中所隱喻的家族世代間的愛。生活經驗較廣、理解力較高的孩子，可以再閱讀《指引方向》。這本書講述了非裔美國人的家族從奴隸制度到目前自由平等的歷史，並借由拼布被闡述了奴隸經地下鐵路逃脫出來的歷程，展現了他們非凡的勇氣。

　　這本書涉及以下 3 個面向：

❶ **歷史的影響力：**奴隸無自主權，曾通過地下鐵路逃亡。

❷ **經濟的觀點：**棉花是便宜受歡迎的織品材料。

❸ **文化的傳統：**非洲裔美國人的拼布被藝術及其中暗藏的逃亡密碼。

統整式學習──廣泛閱讀相同主題繪本

　　廣泛閱讀相關主題的繪本能夠增強故事的文本與讀者，這個文本與另一個文本，以及文本對於與世界的連結。我們可以將《傳家寶被》、《拼布被》及《指引方向》中的內容設計成一張圖表架構，當讀完每本書後與孩子討論，並將每

個問題的要點記錄下來，孩子們將很容易了解彼此間連結的關係（見表一）。

也可以讓孩子自己擴充這張圖表，讓他們練習自主學習。

書名	作者	在製作拼布被時有誰參與？	為誰做的拼布被？	在拼布被中能夠發現哪種「家庭故事」？
傳家寶被	派翠西亞·波拉蔻	曾祖母安娜	四代以來的新生兒，一直傳到故事敘述者的孩子	家族如何來到美國，以及他們在哪裡的生活。
指引方向	賈考琳·伍德森	蘇妮和她的媽媽、祖母、曾祖母	四代的親戚及朋友	因祖先爭取自由成功，家族從奴隸身份變為自由人。全家族的人權與義務得以保障及履行。
拼布被	瓦萊麗·弗盧努瓦	泰雅和媽媽、祖母、泰德、吉姆	泰雅	家人之間彼此關懷、互助，一起完成具紀念價值及家族回憶的拼布被。

表一

　　把焦點放在多本關於拼布被與家庭故事的繪本上，能有效幫助孩子將故事與自己的家庭連結。而運用繪本與物品的連結，能讓孩子在反覆檢視中，透過提問、觀察、反思及理解來了解周遭的世界，那麼所習得的將是融合了讀寫、科學、數學及社會的統整式學習。

創作拼布被

整合前述提問及寫作的活動，讓孩子創作以紙代替布的個人拼布被。步驟如下：

❶ 將 A、B 兩張八開圖畫紙各折成平均 6 個區塊。

❷ 剪下 A 紙的 6 張區塊（如圖一），分別浮貼在 B 紙的區塊中，形成小翻頁。（如圖二）

❸ 在 B 紙每區塊中寫上自己曾和誰去過哪些地方或場合，以及做過哪些事。（如圖三）

❹ 在每張浮貼的翻頁上，依書寫內容畫上相關的圖案。（如圖四）

❺ 完成後，請孩子介紹他的拼布被。

圖一

圖二

爸爸、媽媽和我一起去天文台觀察星星，一閃一閃的星星真漂亮。

圖三

圖四

灰姑娘的玻璃鞋可以換成金縷鞋嗎？
運用「聰明提問」提升孩子智能

　　灰姑娘的故事家喻戶曉，許多人都是從迪士尼的動畫中認識它，其中灰姑娘掉落玻璃鞋的情節更令人印象深刻。其實迪士尼的版本只是全世界流傳中的一個，在印度、法國、韓國、墨西哥等地都有類似，且背景符合當地民情風俗的灰姑娘故事。由於灰姑娘是從遠古就以口傳方式流傳下來的，「玻璃鞋」版本的背後據傳還有段小軼事。話說在法國松鼠的皮（vair）與玻璃（verre）的發音相似，因口述與記錄間的誤差使得法國版的灰姑娘變成穿「玻璃鞋」。

　　若要追溯全世界第一個以文字記錄的《灰姑娘》版本，應該是中國唐代的段成式所寫的《葉限》，被收錄在他的小說《酉陽雜俎》中，光復書局以繪本形式改寫出版，書名為《葉限》，此外也有華裔美國人楊志成（Ed Young）負責插畫的版本《葉限》。

　　故事描述在中國秦漢兩朝前，一位吳姓洞主（相當於當地的首領）娶了兩位太太，其中一位過世，留下善良美麗的女兒葉限。等洞主過世後，葉限的後母開始折磨她，葉限只能從飼養在池中的金魚得到慰藉。有一天後母喬裝成葉限將金魚殺死後烹煮，葉限悲傷欲絕，此時魚精告訴她將魚骨收好，有需求時可以求魚骨幫助。某個節日，後母將葉限留在家中，帶著親生女兒參加慶典，等

後母離開後，葉限穿上魚骨變給她的金縷鞋及美麗的衣裳悄悄去參加慶典。為了避免被後母發現身分，葉限匆忙逃離而掉落了一隻金縷鞋，最後陀汗國王子憑著金縷鞋找到葉限，並和她結婚。

美國教育研究者瑪麗·海因斯貝利（Mary Hynes-Berry）曾執行一項有關提問的教學研究，她將《葉限》說給一班孩子聽，當時引發了一連串的討論。一位只看過迪士尼動畫版的男孩安東尼提出質疑：「你說這是灰姑娘的故事，為什麼她有一雙金縷鞋？灰姑娘的鞋子應該是一雙玻璃鞋。」海因斯貝利解釋：「這是一個源自中國的灰姑娘故事，黃金在中國很貴重，所以金子做的金縷鞋很特別。」過了一會兒，安東尼主動提出看法：「我知道為什麼你說這個女孩穿的不是玻璃鞋。因為她沿著一條佈滿岩石的路奔跑。如果玻璃鞋掉落，碰到岩石會碎掉，那就不會有鞋子留下來讓王子配對了。而且她的腳會流血，對！她的腳如果跑在岩石路上，會滿滿的都是血！」從安東尼的敘述中，可以看出他考慮到因果的一致性。我們也看出一個好的故事值得反覆閱讀，還能提供不同的版本做比較，因為每次的閱讀經驗都會讓孩子產生新的或更深入的理解。

運用進階式提問引導孩子思考

在討論中所提出的問題也非常重要，會影響孩子的答案。如果我們問的是封閉性問題，例如：「葉限的鞋子是用什麼做的？」答案只會是：「金子。」因為這是個對或錯的問題，孩子需具有知識與理解力。如果問的是引導性問題，例如：「為什麼葉限被選為新娘，而不是她的姊姊？」答案沒有一定，有可能是：「因為葉限（像全世界其他的灰姑娘一樣）有好心腸，而後母的女兒很刻薄、

自私。」或是：「因為她被虐待仍不屈不撓，最後就會得勝。」等不同的意見。孩子需要有推理及較深入的思考能力，因為這回答需要一些解釋及支持的論點。如果我們問的是開放性問題，例如：「為什麼這個灰姑娘穿的不是玻璃鞋，而是金縷鞋？」孩子便需要運用整體評量及綜合能力去闡述，請參考下列圖表。

提問的層次與進階的學習

問題	提問的等級	認知發展的軌跡	範例
簡單的封閉性問題	**等級 1** 對知識與理解力的測試	5 歲前的孩子需要大量機會去練習解釋與拆解字面的意義。	葉限的鞋子是用什麼做的？
開放的封閉性問題與引導性問題	**等級 2** 對分析與推理能力的測試	5～7 歲的孩子對角色、動機及因果關係能做更複雜的推理。	為什麼是葉限被選為新娘，而不是她的姊姊被選上？
開放性問題	**等級 3** 對評量與綜合能力的測試	7～12 歲的孩子歸納與抽象思考的能力跨越了一個重要的發展階段。	為什麼這個灰姑娘不是穿玻璃鞋，而是穿金縷鞋？

製造意義的連結

問問題除了強調思考問題解決的過程，也需要製造出意義的連結。我們可以從繪本的文本與自我（孩子）、文本與文本、文本與圖畫，以及文本與世界的關係來提問（請見右圖）。

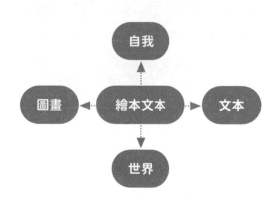

文本與自我

考慮故事情節與孩子本身的經驗與情感的關係，例如：「如果你失去父母或沒有他們的保護會很難過嗎？」或者：「如果大家都高興的參加慶祝活動，而你被排擠在外的感覺如何？」

文本與文本

比較具有類似的情節、主題或角色類型的故事。例如：「你能指出《葉限》和《灰姑娘》（夏爾‧夏洛版）、《灰姑娘》（瑪西亞‧布朗版）中，主角們受到了什麼神奇力量的幫忙嗎？」

文本與圖畫

加強孩子對文本、圖畫及想像間的連結，能促進他們對圖像的想像力。在前面的例子中，男孩安東尼說：「……因為她沿著一條布滿岩石的路奔跑，如果玻璃鞋掉落，碰到岩石會碎掉……」其實在圖畫中並沒有呈現文本所描述的「佈滿岩石的路」，而是安東尼自己想像出來的，這也合理的解釋了為什麼不是玻璃鞋而是金縷鞋的關鍵。

文本與世界

故事中的事物與孩子的理解及所受的學科訓練有關。例如：可以請孩子談談他對於玻璃及金子特性的了解。

延伸活動

畫出「故事線」

　　聽完故事後，我們可以請孩子閉上眼睛，想想故事中什麼樣的圖畫會進入腦中？我們可以畫出一條有開始、過程及結尾的「故事線」，請孩子判別每幅插畫應該安排在故事中哪一個適當的位置，引導孩子討論及微調圖畫的前後位置（見圖一）。當孩子透過故事中的情節說出順序時，也同時在認真思考與解決問題，有助於訓練孩子的記憶、想像與邏輯組合能力。

　　一個豐富的故事需要被反覆閱讀引導出不同的回應，而好的問題可以觸發各種討論，幫助孩子探究得更深入（見圖二）。當進行引導與交互式問答時，老師擔任了促進者與督導者的角色，鼓勵孩子參與、問孩子有什麼問題或想法，並仔細聆聽、與孩子對話。老師與孩子在問答的過程中，就像坐在蹺蹺板的兩端，彼此上下搖晃朝向均勢發展，漸漸的，問題的回應與責任會轉移到正在學習的孩子身上。這樣的教與學能培養出主動深入思考與解決問題的孩子。

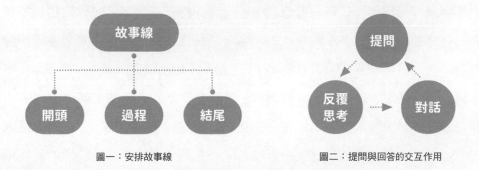

圖一：安排故事線　　　　　　　　　　圖二：提問與回答的交互作用

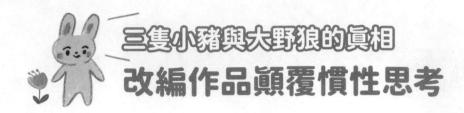

三隻小豬與大野狼的真相
改編作品顛覆慣性思考

　　民間故事的時間與地點常設置在「很久很久以前」的某個「遙遠的地方」，很容易將讀者帶進一個想像的國度，在那裡什麼角色或事情都可能發生，例如：會說話的動物。這類故事除娛樂外，也常具有教化的功能，所以一開場就必須引發讀者的興趣，情節起伏、緊湊，結局富有寓意。

　　《三隻小豬》這個擬人化的故事就是典型的例子，充滿了狼與豬之間鬥智鬥力的情節，誇張滑稽，極富戲劇性。其中許多吸引孩子的元素，包括押韻節奏與擬聲詞的語句，充滿了詩意的風格，朗讀起來悅耳好聽，例如：「我要呼呼的吐氣，我要噗噗的吹氣，我要吹垮你的房子。」有助於孩子記憶及朗讀。許多精心安排重複三次的類似情節、聰明勤勞與愚笨懶惰的對比等，讓孩子從欣賞故事中進行預測與比較等心智活動，展現邏輯推理能力，引發閱讀的興趣與信心。這個故事還有許多不同的版本，各自添加或改編了一些情節，很適合選擇幾本一起介紹給孩子。例如：在詹姆士・馬歇爾（James Marshall）所著的《三隻小豬》中，添加了豬小弟比大野狼先去摘蘋果，並智取他的情節；還有豬大哥與豬二哥都被大野狼吃了，而豬小弟把大野狼吃掉了的結局。在蘇珊・羅威爾（Susan Lowell）著的《三隻小野豬》中，主角成了在索諾拉沙漠的三隻野

▶ 《 三隻小豬的真實故事！》

作者：雍‧薛斯卡（Jon Scieszka）
繪者：藍‧史密斯（Lane Smith）
出版社：三之三

豬及土狼。結局是豬大哥與豬二哥最後逃到了豬小妹家，而被燙傷的大野狼逃走了，且每當想起這段往事時，大野狼總會對著月亮哀號。這兩種版本的文本、圖畫與背景各不相同，適合與孩子討論閱讀它們的趣味及感覺有何不同，以及為什麼？進一步還可以試著進行改編等腦力激盪活動，將情節或背景依照討論的結果做些變更，甚至顛覆。

改編作品，顛覆傳統印象

　　有些改編作品完全顛覆了我們對《三隻小豬》中反派與美好正派角色的印象，例如：《三隻小豬的真實故事！》。這本繪本的封面及封底被設計成報紙的樣式，慶祝發行十年的紀念版更加了設計成監獄柵欄的書衣。罪犯大野狼在整本書中唱著獨角戲，以當事人的立場及觀點敘述整件事的發生經過，企圖引起讀者的同理心，把自己「殺豬」及破壞他人財產（房子）的行為合理化，並試圖

把身份從一位掠食者轉為無辜的受害者。儘管大野狼振振有詞的辯論推翻了《三隻小豬》給人的既有想法，但聽起來卻似是而非，畫面也呈現詭詐的氛圍，讓孩子質疑這是一場搞笑的騙局，甚至覺得自己比大野狼更聰明、厲害，不會輕易上當！

當我們與孩子共讀後，可以比較在自然界中真實動物與故事中擬人化動物的概念，再研究狼與豬給我們的刻板印象背後，真實的生態情形是如何。針對理解及推論能力較成熟的大班以上的孩子，可以安排一場對狼的審判會，由孩子們演法官、提告的證人、辯護律師及陪審團，大家一同來審判大野狼。

建構學習鷹架，提供多元閱讀角度

除了對照不同的版本外，也可以用《三隻小豬》向孩子們介紹科學實驗的方法。首先找出問題的情境與孩子討論，然後建立假設，再發展出測試它的實驗，最後分析結果。舉例來說，向孩子提出只有一個正確答案的封閉性問題：「三隻小豬的房子中，哪一間最堅固？是用什麼材料做的？」接著再問引導性問題：「一間房子要用什麼材料蓋，才能『堅固』到可以抵擋龍捲風或大壞狼吹的強風？」或是問開放性問題：「有沒有什麼方法可以將木頭房子蓋得像磚塊一樣堅固？」整個問題與討論的過程需營造愉快氣氛並具備開放性，並提供正面的鼓勵。根據美國社會心理學家卡洛‧德韋克（Carol Dweck）提出的「成長型思維模式」（Growth Mindset）主張，這樣可以讓孩子有信心面對及解決新的問題，而經過設計的提問，符合俄國社會認知發展學家利維‧維高斯基（L‧S‧Vygotsky）主張的，會為孩子提供學習的鷹架，讓他們以既有的知識為基礎，

進一步有系統的探究、澄清與評量，然後建構出新的理解。

　　接下來老師可以提供小樹枝、硬紙板、膠帶與膠水等材料，讓孩子們分組用自己所選擇的材料蓋一間房子，並將實驗過程記錄下來。當孩子知道成果將「對外公開」時，會有較強的動機去克服困難。我們需向孩子清楚說明他們將負責展示與介紹作品的規則及程序，再邀請家長或其他班級的孩子來參觀。在這種教與學的動態過程中，「錯誤」也扮演了重要的角色，老師與孩子都應該欣然接受，並將它視為一種學習，去調停許多錯誤與失策。

延伸活動　練習比較不同版本的改編

　　當孩子們完成有關《三隻小豬》的閱讀活動後，老師可以視情況再延伸其他活動，比如問孩子：「有沒有其他的故事中有大野狼？」並提供相關的版本，例如：《大野狼才要小心》，描述的是一隻喜歡看童話故事，並將其做為狩獵守則，穿梭在《小紅帽》、《七隻小羊》、《三隻小豬》故事中的大野狼。

　　《豬頭三兄弟》利用超現實主義的手法，安排三隻小豬與大野狼進出畫框內外，進行視覺顛覆的遊戲。我們可以鼓勵孩子將這些故事做比較與分析，探討不同大野狼之間的異同處，並提出論點。運用繪本提升孩子的智能需吸引孩子投入，並將故事與他們所關心的問題連結。當孩子在釐清想法及提出更多的問題時，需提供機會讓孩子解決問題，並證實他們是有能力與自信的學習者。

▶ 《 大野狼才要小心 》

作者：重森千佳
繪者：重森千佳
出版社：小魯文化

▶ 《 豬頭三兄弟 》

作者：大衛威斯納（David Wiesner）
繪者：大衛威斯納（David Wiesner）
出版社：格林文化

無字繪本的圖像之旅
看圖說故事，培養理解和溝通力

　　閱讀是否一定要有文本？我們能從沒有文字的繪本學到什麼呢？我該如何和孩子一起讀無字繪本呢？這些是父母面對無字繪本時常產生的疑問。其實「無字繪本」是非常優良的閱讀媒介，是以精心設計且具某種順序的圖畫來呈現整個故事的繪本，很適合給開始進行正式閱讀的孩子閱讀。此外，因為無字繪本沒有識字的限制，故事具有較開放的表達空間，常被語言治療師做為兒童語言治療的媒介，而在創意寫作訓練中，老師也喜愛用無字繪本啟發孩子。

讀圖是必要技能

　　讀圖能力是人類維持生存的一種必要技能，早在文字發明前，人類就必須去「讀」大地的徵象與聲音，以發展出在嚴酷環境中存活的技巧。現代人也需利用圖畫標誌（例如：廣告牌、交通標誌）去適應環境的變化。而無字繪本將圖像語言彙整給孩子「讀」，讓孩子在視覺故事結構中獲得以下的益處。

❶ 獲得啟蒙的讀寫技巧
- 了解故事能夠被講述、聆聽及閱讀。

- 了解故事的結構具有開始、過程及結尾，其中包含了不同的角色、情節及背景。
- 在閱讀中，學到上下不顛倒、從前往後、從左往右翻閱的閱讀技巧。
- 從瀏覽圖畫到詳細觀察圖畫的細節中，找出後續情節的線索，以及領會圖像的趣味與美感。
- 從重述父母所講的故事到自創故事，練習用口語詮釋及傳達自己對故事的理解，而成為一個有能力的溝通者。

❷ 增進親子的感情
- 在愉快的氛圍中，共享樂趣及強化彼此的感情。
- 能幫助孩子學習語言，探索新的想法及溝通彼此的感覺。
- 即使是外地的家庭，父母也能克服對當地文字不熟稔的障礙，而能與孩子共讀。

如何練習「圖像式閱讀」？

在了解無字繪本對孩子的益處後，還需為孩子提供適合年齡發展的優良作品。《7 號夢工廠》、《一朵小雲》、《母雞釣魚去》、《冰山大作戰》，它們符合優良無字繪本所必備的條件：圖畫清楚明晰，忠實的反映故事。孩子可以指著圖畫提問及回答問題，或是重述及創新故事，培養「圖像式閱讀」的能力。下面介紹這幾本書的適讀的年齡及使用方法。

▶ 《7號夢工廠》

作者：大衛‧威斯納（David Wiesner）
繪者：大衛‧威斯納（David Wiesner）
出版社：格林文化

《一朵小雲》適讀年齡：2～4歲

巫婆打開魔法鍋後，一朵微笑的藍色小雲飄出來，在和巫婆媽媽道別後開始了探險的旅程，其中歷經了分享、遊戲及期盼友伴的過程，最後遇到了小紅雲，彼此愉快地在一起。

這個故事符合2～4歲孩子尋求獨立、喜愛冒險，但又尋求歸屬感的心理。白色的背景，輪廓線清晰、色彩鮮明如卡通般的圖畫，以及每頁可以當作一個獨立故事閱讀的設計，適合閱讀能力較弱、注意力持續時間較短的小讀者。可以當概念書讀，數數其中有幾隻青蛙，看看小鳥是什麼顏色，也可以將每一頁當成一個小故事，或將整本書當作一個連續故事與孩子共讀。

《7號夢工廠》適讀年齡：3～8歲

一群參加校外教學的孩子來到了帝國大廈的眺望台，主角小男孩就是其中之一，他和淘氣的小雲做了朋友，並一起拜訪了雲層上雲朵的工作發配站。雲朵們對自己總是統一規格化的呆板造型有所抱怨，於是小男孩發揮藝術長才，幫

雲朵們設計了各式海洋生物的造型，但這引起了要求制式化的雲朵設計師的不滿而遭驅逐。最後小男孩的創意影響了大家，並為曼哈頓的天空帶來充滿驚喜的景象。這個以圖講故事的繪本充滿友誼的溫暖，鼓勵孩子發揮創意想像，突破制式化的規定及慣性的思考模式。畫面的切割及分鏡的處理豐富精采，適合3歲以上的孩子細細品味與詮釋。

《母雞釣魚去》適讀年齡：4 歲以上

母雞、狐狸及螃蟹家的冰箱空了，正在孵蛋的母雞將蛋交托給狐狸，與小螃蟹一起去釣魚，他們是否能順利地把魚帶回來，而狐狸是否能盡責的把蛋保護好呢？

這個故事吸引了對民間故事有興趣、具備簡單對錯觀念及愛好探險的 4～6 歲孩子。故事的流暢性佳，情節的幽默，節奏明快，既逗趣又令人充滿了期待。

《冰山大作戰》適讀年齡：5 歲以上

艷陽高照下，供應整個豬村落的蓄水池快空了，大家開會商量到地球的另一端取冰解決問題。大家乘著熱氣船順利的帶回冰塊，最後一起喝冰水及享受透過冰塊與風扇徐徐吹來的涼風。

這本榮獲 2011 年《紐約時報》十大最佳插畫童書獎的蝕刻版畫無字繪本，故事及細節較複雜，結合了自然科學、邏輯思考及問題解決方法，適合 5 歲以上生活經驗較豐富、認知發展較成熟的孩子。美麗細膩的畫面能培養孩子的審美感，也能激發孩子創意思考，找出問題的解決方法。

有因果關係的無字書

除了以上單本閱讀的無字書，也有具因果關係，可以彼此對照與比較的系列類無字書，例如：【奇幻小鎮大發現】系列，分別為《奇幻小鎮大發現：龍的時代》、《奇幻小鎮大發現：現代世界》與《奇幻小鎮大發現：西元 3000 年》。這個系列屬於尋寶遊戲類無字書，是擬人化與想像的跨時代故事，採取全景式跨頁的彩繪設計，並結合藏寶地圖的形式呈現。在充滿漩渦狀曲線與對角線的路線上，同時出現各種新奇有趣的人、事、物，令人目不暇接，須集中注意力去追蹤及辨識。

孩子除了要在錯綜交疊的空間畫面上仔細觀察外，還要憑藉記憶力，熟記角色們的外貌、行為及與他人的互動關係。例如：在《奇幻小鎮大發現：現代世界》中，出現了偵探西蒙與神祕盜賊，在你追我逃的過程中，神祕盜賊只露出褲子與鞋襪，直到最後才全身畢露，原來是一隻貓，但偵探是如何發現的呢？竟然是因為神祕外星人齊格蒙所提供的照片線索。這種角色間的相互關聯，能引出配對的樂趣與故事的高潮，在尋覓及翻頁的過程提升了孩子對人際關係的敏感度，動腦分析的遊戲也訓練出孩子的邏輯推理與預測力。閱讀《奇幻小鎮大發現》系列時，可以欣賞單本，也可以將三本書彼此對照，看看是否能找出關聯性，看看相同、相異之處，例如：在三個世界中都有獅子，在《奇幻小鎮大發現：龍的時代》，獅子是威武的國王，在《奇幻小鎮大發現：現代世界》獅子是環保藝術家，在《奇幻小鎮大發現：西元 3000 年》獅子成了不戴眼鏡，會橫衝直撞的冒失鬼。

延伸活動　引導孩子說出「畫中有話」

　　針對這些無字書，可以依孩子的年齡及理解度調整講故事的內容及方法。

❶ 0～2歲：

　　這時期的孩子喜歡玩尋寶遊戲，可以請他指出目標物，培養視覺追蹤能力，例如：共讀時，可以請他指出書中捲捲頭阿姨。為了激起興趣，也可以和孩子玩誰先找到的遊戲。當孩子2歲開始注意文法，能說出完整句子時，可以請他指著目標物說：「捲捲頭阿姨在這裡。」

❷ 2歲半～3歲：

　　這時期的孩子對故事充滿好奇，喜歡發問，雖然使用句子時常會漏說關係詞，但經練習會進步，可請他選擇書中某一跨頁進行看圖說故事。

❸ 4～6歲：

　　此時期的孩子已能完整的運用語言、掌握發音及文法，可以請他翻閱整本書講故事。當敘述某一跨頁圖的故事時，著重在觀察畫面中每個角色與周遭環境的互動關係。當敘述整本故事時，著重在描述同一角色行為前後的關係，以及情節的起承轉合。若孩子能完整的描述一本書的內容後，可以鼓勵他將3本書串連起來講故事，著重在描述不同時代生活型態的異同或是奇特處。例如：在《奇幻小鎮大發現：龍的時代》《奇幻小鎮大發現：現代世界》中竟然出現了外星人；在《奇幻小鎮大發現：龍的時代》中交通工具是馬匹，而在《奇幻小鎮大發現：現

▶ 奇幻小鎮大發現：【無字繪本視覺思考學習套組】

作者 / 繪者：
亞歷珊卓．米契林斯卡（Aleksandra Mizielińska）、
丹尼爾．米契林斯基（Daniel Mizieliński）
出版社：采實文化

代世界》中汽車成了代步工具，出現了卡車、轎車等汽車；在《奇幻小鎮大發現：西元 3000 年》中飛行器到處穿梭。若孩子願意發揮天馬行空的想像力，說說某個角色前世、今世與來世的故事，或是編造一個時空穿梭劇也會很有趣。

　　把【奇幻小鎮大發現】系列留在孩子可以自由取閱的地方，吸引孩子主動閱讀。經過多次的反覆翻閱，孩子對圖像的觀察將更精熟，經常能獲得不同的驚喜與收穫，每次衍生的故事也會不同。

藝術活動：用畫詮釋或改編故事

❶ 孩子仔細閱讀【奇幻小鎮大發現】系列後，畫出自我詮釋的故事，並做口頭分享。

❷ 建議孩子試著模仿【奇幻小鎮大發現】系列的藝術表現方式，用尋寶及猜謎的遊戲方式彩繪故事。

❸ 幫助孩子把閱讀時口述的故事記下來，並請孩子為其文字加上圖畫。

④ 請孩子自由決定時空、背景、角色與情節後，畫出一頁或數頁集結的故事。

戲劇活動：「猜猜看我是誰」或「我在做什麼」

❶ 親子或師生一同熟讀故事後，輪流扮演其中的角色及行為讓對方猜。可以提供道具，例如：偵探帽、放大鏡，將有助於孩子戲劇扮演及辨識。

❷ 將孩子分成演員組與觀眾組，演員組的孩子被分派扮演不同的角色，在指定的故事場景中表演，結束後再對換組別。表演的方式可以用啞劇或有聲劇呈現，也可以由演員負責演，加上幕後旁白及對話配音。

❸ 將書中的情節或結局做討論及改編後演出，可以鼓勵推翻原故事的結局或加演續集，也可以自由創作出一種以上的版本。

數學活動：比較、數數、排序、配對

❶ 請孩子比較、圈點及說明【奇幻小鎮大發現】系列，在不同時代的場景中有什麼相似或相異處。

❷ 請孩子仔細看這個系列 3 本書，數數它們中各有幾位主角、幾位配角，數量相差多少，並思考他們是誰，然後整理出集合、交集與總集合。例如：《奇幻小鎮大發現：現代世界》的主角集合有：斑馬亞歷山大、小熊奧拉夫、兔兔小麥等。3 本書的主角交集：猴子、外星人、蘋果等。3 本書的主角總集合：包括鸚鵡阿達、小斑點、小豬蘇菲亞等。

❸ 請孩子描述：書中哪些角色有互動？他們發生了哪些事？請他們依照出場的先後排順序及配對。例如：在《奇幻小鎮大發現：龍的時代》裡，伊格總是

配著一把雙頭斧頭，他先去找大象路易幫坐騎釘上馬蹄鐵，然後遇見因推車壞了而煩惱不已的斑馬小克。力大無窮的伊格幫小克將推車中的東西搬進城堡後，小克開心的和伊格握手道謝。接著伊格將坐騎寄放在馬廄中，遇上了小豬騎士蘇菲亞，他們都安撫馬兒，並將其安頓好。後來伊格獨自到地下室的健身房鍛鍊身體。最後伊格參加了獅子國王的盛宴，還將坐在長板凳上的高帽子姊妹高高的舉起來。

這樣以伊格為主，依發生事件順序安排的一條主軸線故事，可以讓孩子學習故事的轉折及連接詞的使用。父母可以鼓勵較大的孩子同時敘述多條支線的故事。例如：當伊格與小克分開後，各自發生了哪些故事，最後他們為何及如何重逢。

雖然閱讀無字繪本沒有識字的問題，但在父母的引導及分享中，孩子所能觀察及思考的層面會更深、更廣。對透過模仿、記憶，複述故事或重新詮釋故事來進行語言學習的孩子而言，親子共讀與討論非常必要。父母可以帶著孩子先大致瀏覽圖畫，再觀察一下細節，然後講故事，或讓孩子猜猜故事。基於無字繪本開放性特色，我們可以欣然的接受孩子所說的各種版本及結局。鼓勵父母或老師放下文字閱讀的習慣，拋開必須仰賴固定版本或正確答案的束縛，陪伴孩子愉快的享受開放式的閱讀經驗，悠遊在圖像的賞析與創意的思考中，盡情的發揮想像及邏輯思考能力。

當孫悟空變出幾何造型嘉年華！
賞析圖文培養審美能力

　　閱讀繪本能開啟孩子早期的閱讀經驗，但不少父母仍對運用繪本存疑，提出：「是圖還是文重要？」、「要先看圖還是先看文？」這些問題需從繪本的特質與孩子的發展來了解，若以啟發的方式引導孩子閱讀、鑑賞及詮釋繪本，可以提升孩子終身的視覺洞察力。

　　繪本是兒童文學的一種特殊種類，是圖、文與設計的結合，承載了社會、文化與歷史的內涵。形式包括了童謠繪本、情緒繪本、生活教育繪本、預測性繪本、概念性繪本，以及適合嬰兒與學步兒的硬頁書、玩具書等。繪本可以只有圖畫，也可以文字與圖畫佔有同樣重要的地位。

　　美國兒童文學學者諾頓（Donna Norton）指出，一本繪本，必須達到「圖畫與文本之間的平衡，這兩者彼此不可或缺，否則無法發揮全然的效果」。所以一本繪本至少應包含三種成分：由文字所敘述的故事，由圖畫所敘述的故事，以及由以上兩者結合所產生的故事。此外，透過閱讀繪本又包含了第四種成分，那就是讀者本身與繪本結合所產生的故事。

　　任何好的繪本都會帶給讀者這種獨特、神奇又美好的經驗。幼兒繪本的特色有：文本情節簡潔，概念有限並符合孩子的理解力，文本的風格直接樸實，圖

畫與文本互補。在型式方面,含版權頁與補充資料在內,大約 32～40 頁。內容可以是小說或紀實類的,圖畫的表現方式可以用照片、素描、繪畫或拼貼。繪本需形成特有的旋律與節奏,圖、文與版面設計要產生趣味的互動才能吸引孩子。

　　讓我們一起看看有哪些作品能引起孩子的共鳴,並進一步了解這些作品如何呈現圖與文的和諧關係。

圖與文的互補

　　圖畫能反映及延伸文本,並提供孩子闡述的空間。

　　《小貓頭鷹》文本具生動的畫面感、平易樸實,圖畫質感細膩,能啟發孩子的靈感與想像。故事的開端,小貓頭鷹們在夜裡醒來時,因找不到媽媽而焦急,

從前有三隻小貓頭鷹:
莎莎、皮皮和比比。
他們跟貓頭鷹媽媽
住在樹洞裡。
洞裡鋪著樹枝、
樹葉和羽毛,
這是他們的家。

information
BOOK

▶ 《小貓頭鷹》

作者:馬丁・韋德爾(Martin Waddell)
繪者:派克・賓森(Patrick Benson)
出版社:上誼文化

反映出孩子害怕分離的情緒。小貓頭鷹手足間的互相安慰與鼓勵，以及媽媽的歸來，為他們帶來安全感，撫慰了面臨分離焦慮的孩子。

《下雪天》的文本符合孩子主動好奇，充滿冒險精神的發展特質。全書前三分之二的部分，主角彼得在雪的各處玩耍，呈現沒有關聯性的插曲式故事情節。後三分之一的部分，彼得因雪球融化而產生的失落與找到朋友的釋懷，將情節轉換為漸進、有因果關係的結構。插畫以拼貼的技法與溫暖的色調展現出愉悅且俏皮幽默的風格。文圖相互輝映使孩子獲得豐富溫暖的情感經驗及心滿意足的結局。這兩本書的圖與文相輔相成，彼此豐富、延伸與拉提。

《不肯睡覺的小孩》與《野獸國》兩本書的核心價值都是值得信賴的母愛，即便母子間偶有衝突也不會動搖。《不肯睡覺的小孩》是孩子忙著玩耍，不肯聽媽媽的話乖乖入睡，然後對周遭的環境與玩具輪流道晚安直到筋疲力盡……文本率直、溫柔，圖畫奇幻、豐富，有如穿梭在真實與想像的超現實世界中。

《野獸國》是以阿奇狂野的行為被媽媽罰到房間不准吃飯為開場，隨即進入想像的野獸世界。文本簡潔、富詩意，圖與圖之間連貫流暢，畫面隨著情節起伏而變換大小。當阿奇命令野獸們一起胡鬧，亢奮的情緒融合想像到達高潮時，無字跨頁的圖佔滿了頁面，產生一種熱鬧與釋放感。當阿奇發洩完情緒回到真實世界時，發現晚餐正在房間等著他，無圖畫面上白底黑字醒目的寫著：「……而且還是熱的呢！」等同宣告母愛超越親子間衝突的力量，為精巧的圖文互動寫下完美的句點。

《孫小空 72 變》改編自大家熟悉的神話《西遊記》，作者運用純色與組合抽象幾何圖形的設計，展現了神話中的光怪陸離，增添了摩登的未來感，反映出

《孫小空72變》

作者：湯姆牛
繪者：湯姆牛
出版社：小典藏

人類的本質、原始的情感，以及本能與慾望。圖文簡化的表現形式，挑起了強烈的視覺效果及內心悸動，故事中輕快的節奏與旋律的連結，形成了活潑俏皮的調性。在經歷了絢爛的色彩與幾何造型嘉年華後，結尾圖像的黑白與大小對比，點出自我膨脹的孫悟空的渺小，為孩子帶來歡樂與啟示。

圖與文的對位

圖畫與文本述說不同的故事、各自提供選擇性的信息，或在某方面互相矛盾，造成反差的趣味及形成幾種可能的結果。

《母雞蘿絲去散步》顛覆了繪本同步看與聽的傳統閱讀方式，述說母雞與狐狸在相同時空中發生的不同故事。若只聽文不看圖，完全不知散步的母雞一路有伺機攻擊的狐狸尾隨。圖文的互動像一齣滑稽的童話劇，培養孩子做為旁觀

者的洞察力，並激發他們想警告那隻不知是愚笨、冷靜還是幸運的母雞的衝動。當孩子欣賞完故事後，會想主動解釋故事未交代的部分，閱讀這樣帶有諷刺性的、幽默的文學作品的過程，能培養孩子想像與邏輯推理的能力。

《不行！》也是一本只看文或圖，無法得知故事全貌及反差趣味的幽默繪本。文本述說出寵物狗的想法，他總是想幫主人做點事，也引以為榮，但對位的圖畫總呈現出他淘氣惹麻煩的行為，更滑稽的是他太常聽到主人喊：「不行……！」而誤以為那是自己的名字，還疑惑主人為什麼將他名牌上的名字寫錯成「史派克」了。這種主人與寵物狗以兩種不同的角度看事情，而產生的各自表述的現象，衝擊出一種趣味的效果，並反映出父母與孩子間的角色與關係，能夠引起親子的共鳴。

除了閱讀可愛溫馨的童書，也會接觸到充滿嬉鬧、顛覆常規或意涵模糊的童

▶ 《母雞蘿絲去散步》

作者：佩特·哈群斯（Pat Hutchins）
繪者：佩特·哈群斯（Pat Hutchins）
出版社：上誼文化

書，例如：《臭起司小子爆笑故事大集合》顛覆了故事書的傳統模式，並將童話改編成富戲謔性與批判性。其中包含了醜小鴨長大後沒變天鵝反成了一隻醜大鴨，以及青蛙被吻後沒變成王子，反嘲笑公主受騙的故事。

　　《莎莉，離水遠一點》與《外公》都採用文本與表徵符號富多層面解釋的後現代手法（後現代主義主張對既定的文本、表徵和符號有無限多層面的可能解釋。因此作者的意圖和讀者的反應，取代了字面上的意思和傳統的解釋），將既定的文本和真實、想像的圖畫並置，開放性的讓孩子自由詮釋可能的意涵。舉例來說，《莎莉，離水遠一點》是小女孩一家到海邊遊玩的故事。原本全家人應該經歷相同的場景，討論相關的事物，但作者運用左頁相對單調與留白的背景圖、以及親子完全沒有交集的文本，表現父母缺乏想像力和親子間溝通不良的情況。相對的，右頁色彩繽紛，與海盜對決的無字畫面，顯現孩子已進入

▶《莎莉，離水遠一點》

作者：約翰‧伯寧罕（John Burningham）
繪者：約翰‧伯寧罕（John Burningham）
出版社：遠流

新奇的幻想世界。這樣的比照與安排，給讀者一種突兀感，彷彿有兩個故事同時在進行，能刺激讀者的好奇心與引發深思。

《外公》述說的是祖孫間相處的故事。作者運用兩種字體表現出祖孫間不知對方所云的平行對話，顛覆了傳統的故事敘述法。當賭氣的祖孫背對背，分別被安置在左右頁面上時，強調彼此的疏離與不愉快感。故事直到小女孩獨自沮喪的蜷曲身體望向爺爺的空椅子時，提供了讀者一個開放的詮釋機會，讓其選擇是否將其解釋成爺爺已過世。結尾小女孩推著嬰兒車奔向朝陽的畫面，又為故事重新開啟了盼望與生機。

優質繪本的圖與文之間應充滿活潑的動力，不同的文學類型也應提供多樣的意義與視覺設計。親子共讀圖文相輔相成的繪本，將有助於提升孩子敘述、觀察與詮釋的能力。

繪本結合漫畫風，兔老大也能飛上天？
欣賞創意無限的視覺藝術

　　繪本分為許多不同的表現型式和種類，一些結合了漫畫形式的繪本，喜歡使用二維視覺的圖畫藝術，構圖包括了顏色和線條都比較精簡，而且內容常會加上許多的對白、旁述和擬聲詞。這類繪本的敘事手法偏向誇飾和諷刺，透過主觀的情意，故意將主角、事情或東西的特點加以渲染和鋪飾。因為想像的成分居多，並且和真正的事實相差很遠，反而容易產生一種滑稽的趣味，加深孩子的印象，例如：《好朋友傳說》、《紅豆刨冰傳說》、《好想飛的兔老大》。此外，還有一些繪本喜歡把畫面分割得像漫畫格式，並且運用精簡流暢的情節、醒目的放大字體等效果，看似漫畫卻又不像漫畫那樣以故事情節為主，而是更注重圖畫和文字之間的結合，充滿了無限想像的空間和創意，例如：《姊姊的魔幻電梯》。以下將這些包含了不同文體、知識和訊息的繪本一一做介紹。

傳說故事中的連續性視覺藝術

　　只要用心觀察、自由發想，日常生活中有許多創意點子，都可以成為故事的起點，古今中外有許多似假還真的傳說也都是這麼產生的。有想過紅豆刨冰是誰發明的嗎？如果蒲公英黏在身上，甩都甩不掉，那麼會發生什麼事呢？欣賞

▶《好朋友傳說》

作者：李芝殷（이지은）
繪者：李芝殷（이지은）
出版社：親子天下

老虎的故事系列《好朋友傳說》、《紅豆刨冰傳說》能激盪腦力、開懷歡笑。兩本繪本風格溫馨、幽默，將生活中隨處可見，隨時可感的經驗拼湊在一起，看似無厘頭，其實推演得符合邏輯與人情世故，讓人想一再回味故事以老婆婆說書的口吻開場，將孩子帶到童話的時空中，產生一種凡事都有無限可能的奇幻感。故事的靈魂人物老虎常一登場就舉著雙爪，說他的招牌語：「給我好吃的，我就不吃你。」除了動作表情滑稽到令人發噱，周圍動物們的反應：「他又來了。」、「你又來鬧事嗎？」、「我們走吧。」也讓人立即了解老虎根本沒有威脅性，反倒像是想在遊戲場中引起注意、也想和大家一起玩，卻總是適得其反，不知如何表達，結果只能撒野的孩子一樣。兩本書中各自重複 3 次表達本我慾望，以「吃掉你」代替「愛你」的情緒表現，強烈的反映出人們對於友誼的渴望，也引起了共鳴與同理。

　　所幸，故事的另一個靈魂人物老婆婆，或是由她幻化成的尾巴花總是能和老虎對上話，在你來我往似追逐、似遊戲、似陪伴的過程中，形成了美好的友誼。老虎也在不知不覺中，變得會主動關懷別人，融入了動物們的友誼圈中。然而

歡笑的故事也自然的帶出了生命消長的問題，開放的結局需要孩子發揮聯想和推理能力。故事中還有許多的笑點和金句，例如，當老虎說：「我差點死掉了！」尾巴花立刻回：「不是活得好好的。」當老虎說：「給我好吃的。」尾巴花立刻接：「我會感謝你！」讀起來真是寬心快慰。

李芝殷的系列繪本圖像清新動人，並置型的連續性視覺藝術富含娛樂和振奮人心的力量，孩子在欣賞的同時也體驗了趣味和美感。其中依照時間序，從左到右，從上到下精心安排的畫格，結合了分鏡技巧與漫畫風格，幫助孩子將注意力專注在友誼的概念上。文字與圖畫揉合其中且優異互補，讓孩子能細細的品味老虎在友誼的澆灌下，內心的轉折與成長。各個角色可愛的卡通化形象散發出不可思議的感染力，彷彿指涉著我們內在的想法和感受，參與在無邊想像的山野傳說中。

在無厘頭式的幽默中感受純真的友誼

《好想飛的兔老大》運用了令人驚喜和不協調的元素，包括了荒謬的模仿、對比的並置，以及口語對話和主角突然出現的誇張行動，呈現出無厘頭式的幽默。然而，故事所強調的美好友誼和努力不懈的勇氣，又令人動容！兔子小巴、小皮和小布如同孿生的 3 個幫手，總是忠心耿耿的跟著兔老大。他們熱心勤奮，為了成就兔老大的心願，嘗試各種飛上天的方法，即使受挫也絕不放棄。深受愛戴的兔老大雖是領袖，但凡事聽從小兔子的計畫，即使受傷也毫無怨言，努力配合。彼此互信互諒，令人感動和安心，也展現相愛者（包括朋友或親子之間）為對方著想和奉獻的精神。

故事以漫畫分格的方式敘述，對話直白、線條勾勒簡明、色調溫暖，加上放大的擬聲字形，營造出一種歡樂、真誠、友善的氣氛，鼓勵孩子以幽默的旁觀角度洞悉主角的心情和想法。

用手足之愛打開創意想像的任意門

「兄友弟恭」是自古許多家庭想當然耳的庭訓，但只要有一個以上孩子的家庭，都能感受到手足間不斷的競爭和衝突，例如：搶玩具、爭第一、比較父母最喜歡誰……其實背後的原因往往是孩子想獲得父母的關愛和肯定。如果孩子的需求無法得到滿足，加上孩子的情緒控管和表達力不成熟，表現出來的常是攻擊、生氣，或是退縮、自我封閉等行為，長久下來會影響手足感情。

父母的適當介入和引導手足相處是非常重要的，應該避免教訓大的就要讓小的，吵架不管對錯都要處罰，或是為孩子貼上不分享就是小氣的標籤等，除了能夠得到孩子的信任，也能夠促進手足關係和學習處理競爭壓力。

此外，根據教育心理學研究，孩子如果能夠適當的使用有效改變焦慮、幫助適應生活的心理防衛機轉，例如：白日夢，將可以減低情緒壓力。《姊姊的魔幻電梯》榮獲紐約公共圖書館最佳選書等大獎，故事裡的小女孩小虹，就是運用想像、奇幻的方式來滿足受挫的心靈。即使她無法改變客觀的環境，卻能夠幫助自己開放心胸，接納弟弟。

翻開《姊姊的魔幻電梯》立刻會被分割如漫畫格式，由黑底映襯如動畫般的鮮明畫面吸引。加上流暢精簡的情節，醒目的放大字體呼喊出小虹的真正想法——「叛徒」、「叛徒又出現了！」……實在是言簡意賅，充滿了想像空間和

創意！為搶按電梯而發生爭執是孩子間經常發生的事，但絕不是父母一句「有什麼好搶的，輪流！」或是「讓弟弟按！」就可以解決的。在小虹心中，按電梯按鍵是她心情不好時，可以振奮精神的解決方法，也是她為全家服務，獲得肯定的方式。然而在旁仔細觀察、努力仿效的小弟弟竟然捷足先登的取代了她的角色，並且獲得爸爸媽媽的驚喜和讚嘆，這讓小虹產生了極大的失落感和說不出的委屈！

　　所幸小虹撿到了廢棄的電梯按鍵，運用無限的想像力，創造出專屬她自己的任意門，只要按下開關，就會發生驚喜，歡迎她到任何想去的地方探險！畫面中也為每次的冒險留下了有跡可循的線索，例如：弟弟手上曾經屬於她，上面寫著「小虹」名字的老虎填充玩具，打開任意門的世界，就成了有老虎出沒的熱帶雨林。 最後，當小虹願意主動陪弟弟共讀繪本《山頂上》後，她也邀弟弟一起去探險，並讓出了按開任意門的機會，這次姊弟倆會一起去哪裡探險呢？就留給小讀者們去尋味。

　　《虎菇鍋》是一個充滿驚險與歡笑的美食冒險故事。結合了漫畫風格，用後現代兒童文學的戲仿手法改編傳統民間故事虎姑婆，以達到調侃、嘲諷、遊戲，甚至致敬的目的。作、繪者信子以擅長的幽默風格，將原本恐怖的虎姑婆變成了可愛的貓咪婆婆，還將原本無辜的村民變成了各種動物，就連原本殘忍的吃人行為，也變成了大夥兒一起準備美味的火鍋大餐。這些巧妙的轉化，不僅緩和了故事的恐怖氣氛，也增加了趣味性和反諷性。

　　書中還運用了多種創意的手法，讓情節更加生動有趣。例如：將忍豬三姐弟設定為有忍術的美食家，讓他們在與虎姑婆的對抗中展現出各種驚人的絕招，像是大耳龍捲風、口臭臭氣彈等。這些忍術不僅符合忍豬三姐弟的特徵，也與虎姑婆的弱點相呼應，形成了一種荒誕而有趣的對比。此外，書中精采的多格漫畫、迷宮、食物製備的步驟和過程等圖像設計，讓孩子可以跟隨忍豬三姐弟的視角，一起參與故事的發展，增加了互動性和趣味性。

　　《虎菇鍋》是一個吸引人的故事，透過忍豬三姐弟的冒險，也傳達了同心協力、發揮所長、團結力量大的正面訊息。忍豬三姐弟在遇到困難時，不會放棄，也不會互相埋怨，而是互相鼓勵、互相幫助，發揮各自的忍術，最終打敗了虎菇婆，拯救了村民。此外，故事還透過忍豬三姐弟的美食之旅，讓孩子們認識了不同的食物和文化，激發了他們的好奇心和探索精神。

▶ 《虎菇鍋》

作者：信子
繪者：信子
出版社：親子天下

　　親子共讀這本充滿趣味和驚奇的繪本，不僅可以享受故事的樂趣，也可以學習到夥伴的重要性，以及如何適應新環境，和解決問題的方法。父母可以在閱讀的過程中，和孩子們一起討論故事的情節和角色，引導他們思考故事的寓意和啟發，鼓勵他們發揮自己的想像力和創造力。此外，也可以和孩子們一起嘗試製作書中的食物。以下提供一些親子共讀的活動參考。

　　閱讀前：可以先和孩子聊聊「虎姑婆」這個民間傳說，問問他們有沒有聽過或看過相關的故事，讓他們對故事的背景有一些基本的了解。您也可以問問他們對「虎菇鍋」這個名字有什麼想法，是不是覺得很奇怪或好奇？

　　閱讀中：可以和孩子一起觀察書中的插圖，發現其中的細節和趣味，例如：忍豬三姐弟的表情、動作和服飾，以及虎姑婆的變化和計謀。父母也可以和孩子一起參與書中的益智遊戲，例如：迷宮、找一找等，增加閱讀的互動性和挑戰性。

　　閱讀後：可以和孩子討論書中的故事情節，問問他們最喜歡或最驚訝的部分是什麼，以及他們對於忍豬三姐弟和虎姑婆的印象和感受是什麼。父母也可以和孩子分享書中的知識和價值觀，例如：火鍋的由來和種類，以及群策群力，勇敢面對困難的重要性。此外，孩子對於製作和品嘗美食特別感興趣，也可以一起嘗試做一些和書中有關的美食，例如：沙茶火鍋。

被籠子圈養的，是動物還是人？
提升孩子的觀察及理解力

　　繪本為孩子提供了最早的文學經驗，閱讀時不僅要欣賞文與圖，還需知道如何培養洞察力。根據英國兒童文學研究者史坦利（Morag Styles）及塞斯柏利（Martin Sailsbury）對 100 名 4 ～ 11 歲孩子做的研究發現，孩子會對繪本的字與圖的交互作用、顏色的意義、角色的肢體語言及視覺的隱喻產生認知與情緒反應，邊觀賞邊思考與學習。當提供孩子多次機會閱讀相同的繪本，並要求他們用繪畫表達對文本的了解，以及進行開放式的討論後有了以下的發現。

對文字與圖像互動的回應

　　許多孩子認為圖比文重要，能顯示角色的觀點、闡釋故事或產生更多的想法。例如：無字書《鬆餅先生！》以電影般的運鏡營造動作感，運用細節，引出外星人拜訪地球，並與貓咪大作戰的故事。《傷心書》作者以優美的詩抒發他喪子的悲傷，當文字與圖畫產生互補時，更能感受到他情緒微妙的起伏及對過往的懷念與未來的希望。《神奇美髮師費多林》以極簡的文字，豐富且充滿細節的美麗圖畫鼓勵孩子盡情的發揮觀察力與想像力，讓做髮型的過程像是參加了一場精采的嘉年華會。

分析顏色重要性的回應

　　幼兒對顏色及色調特別敏感，自然會注意及分析其意義。例如：《月亮晚安》，畫面是暖色調具溫馨感，交互出現的跨頁全彩與單頁黑白畫面先引導孩子綜觀房間裡的各個角落，然後聚焦在放大的單一物體上，具節奏感及收心效果。窗外漸亮與窗內漸暗的光線暗示時間的推移及睡覺時間到了。

領會身體語言的回應

　　即使很小的孩子也能了解身體語言，並表現出不同的情緒。例如：在《棉婆婆睡不著》中，棉婆婆駝著背回首眺望通往村外的小路，流露她對晚歸的棉爺爺的掛念。《菲菲生氣了：非常、非常的生氣》中，菲菲和姊姊搶玩具，菲菲怒氣沖天的表情與動作像隻噴火龍，等她平靜下來，身形柔和的線條與張臂成

▶ 《棉婆婆睡不著》

作者：廖小琴
繪者：朱成梁
出版社：信誼

▶ 《鬆餅先生！》

作者：大衛‧威斯納（David Wiesner）
繪者：大衛‧威斯納（David Wiesner）
出版社：格林文化

▶ 《菲菲生氣了：非常、非常的生氣》

作者：莫莉・卡（Molly Bang）
繪者：莫莉・卡（Molly Bang）
出版社：三之三

大「Ｖ」字形的動作，強化了她重返溫
暖家庭的欣喜感。

審視與思考的回應

孩子閱讀時會將內容與自身的經驗連結，進而引發思考。例如：《動物園》講述一家人到動物園觀賞動物的生活小故事。繪者用滑稽嘲諷的筆觸、左右對頁的柵欄、邊框對比的手法，營造出超現實的場景，引發讀者思考人與動物的關係及動物園的意義，到底是人看動物還是動物看人？其中以人類對照猿猴類，凸顯彼此間的相近，而動物卻被圈養。一些象徵性的符號，如由 4 個分隔窗構成的十字架、籠子的影子，引發孩子思考如果角色互換，當自己失去自由時的景況。《月下看貓頭鷹》，以寬廣的視角表現冬夜靜謐沁涼的感覺，對比出父女相互依存的溫馨及傳承的精神。當孩子沉浸在這如詩的故事及夢境般優美的圖畫中時，也能愉悅的與大自然相遇，體會探索大自然的心情及動人的親情。

▶《穿過隧道》

作者：安東尼・布朗（Anthony Browne）
繪者：安東尼・布朗（Anthony Browne）
出版社：遠流

面對閱讀挑戰性的回應

　　孩子除了喜歡繪本的趣味，也喜歡它的挑戰性，並會仔細研究創作者精心的設計與安排。例如：從《小凱的家不一樣了》中，可發現繪者運用超現實的圖像「變成猩猩的沙發」，來表現小凱因爸爸去醫院時的留話：「家裡就要變得不一樣了。」感到擔憂與胡思亂想。用「破殼而出的飛鳥」預測故事最後將有新生兒妹妹與父母一起回家。欣賞《法比安派對》時，每拉開一個折頁就進入一個新奇想像的世界，在豐富細膩的畫面中發掘許多故事中的故事，領悟參加派對最可貴的是輕鬆愉悅的心情與幽默感。欣賞兼具動物知識與問答遊戲的《猜猜看！》翻翻書系列，能在動手、動眼與動腦中經歷無數的驚喜，增進孩子的觀察力與想像力。閱讀用暗喻法諷刺權威式教養的《大箱子》時，會被充滿質疑的詩句，以及孩子們掙脫禁錮爬出大箱子的結局刺激，去思考自由的權利與義務。

了解圖像象徵意義的回應

孩子對圖像的象徵意義，以及文與圖合併時所產生的意義感興趣，常能適切的詮釋。例如：他們會指出《穿過隧道》一書中橫於兄妹之間的長竿代表兄妹之間的不合，以及哥哥不想讓妹妹跨入他的領域，就像自己和手足吵架時一樣。

繪本能促進孩子的心智與情感的發展，越具挑戰性的越需要孩子以嶄新的方式去思考，進而產生更深層的理解。例如：當孩子看《魔法親親》時，能理解浣熊奇奇因為要離開媽媽而抗拒去上學，但在獲得了媽媽愛的保證與親吻後，滿懷安全感的克服了分離焦慮。當孩子看《青蛙王子變形記》時，知道青蛙王子與公主的婚後生活不愉快後，會自動把插圖中枯萎的瓶花解釋是因為夫妻心情不好，無心照顧所造成的。在看《米莉的新帽子》時，會發現米莉及其他人頭上的帽子會隨著周遭環境及想像產生各式各樣的變化，而這種將抽象思考以具體圖像表現的方式，象徵了每個人的創意想像力既神奇又美妙。極

information
BOOK

▶《米莉的新帽子》

作者：喜多村惠
繪者：喜多村惠
出版社：小天下
Copyright © Satoshi Kitamura, 2009

富寓意的《維羅妮卡的悲傷故事》以戲劇性的情節闡述人生的成功或失敗哲學。故事中維羅妮卡原有拉小提琴讓人難過落淚的本事，也因此而功成名就，但她甘願放棄一切到叢林裡冒險，結果她和動物們都因為她的琴聲而快樂的跳舞，雖然結局令人大感意外，但恰好能引發孩子的討論，反思人生的境遇與選擇。

更深入的回應

孩子會因為喜愛某本繪本，而對其作者或相關的作品感興趣，甚至辨識出創作者的風格。例如：喜愛約翰·伯寧罕（JohnBurningham）《寇特尼》的孩子，通常也會喜歡伯寧罕同樣以混合媒材、技法，以及開放式風格表現的其他繪本，像是充滿歡笑，運用堆疊句型及擬聲詞營造溫馨熱鬧氣氛的《甘伯伯去遊河》。

綜合以上發現，繪本能讓孩子在閱讀中提升認知與情緒管理的能力，增加思考的經驗，並且在安全的範圍裡探索一些生活的問題，包括死亡、霸凌等。閱讀繪本也能培養孩子的審美觀，讓他們愛上藝術與文學，積累多元文化經驗。當幼兒在分享繪本的過程中感受到喜悅與溫馨的氣氛，養成享受閱讀的習慣，自然而然的喜愛閱讀。在閱讀繪本的過程中，繪本是主要的媒介，與幼兒分享繪本的成人是關鍵性的引薦者與影響者。唯有懂得與喜愛分享好繪本的成人扮演一個正面的角色，並依據孩子的發展特質為其挑選多樣化的好繪本，然後熱忱的分享，才能讓幼兒在充滿活力的互動閱讀活動中受惠。

123 打開傘，押韻兒歌好好玩
感受童謠與童詩的繪本魅力

韻文在兒童閱讀中扮演重要的角色，能增進孩子的記憶及幫助他們了解文字的類型。朗朗上口的韻文是幼兒最喜愛的語言形式。兒歌、童謠、童詩都具有豐富的語音、無限的想像，以及精巧的押韻形式，能夠引發孩子的感官回應。專為孩子設計的版本大多會以繪本呈現，優美的插畫能提供孩子想像的空間及對文字的感受，但也可能會影響孩子自由發揮、讓詮釋的空間變小。親子共讀時可以先用文字或口頭方式與孩子分享，單純領受文本的內涵，接下來再將文圖搭配著分享，體驗兩者交融的互補效果。

趣味兒歌及童謠帶動親子遊戲

兒歌及童謠除唸唸唱唱外，還可以設計成一邊唸唱，一邊互動的親子遊戲，例如：《打開傘》，它集結了 17 首押韻的親子遊戲兒歌，每首都有簡單易學的遊戲分解步驟插圖。閱讀《打開傘》時，父母可以一邊唸唱：「一二三，打開傘，走一走，看一看，雨停了──收傘！」一邊用手掌包住孩子的食指，然後張開手掌，讓孩子的指尖頂著父母的手掌，接下來用另一隻手扶著孩子的手腕左右動一動，最後父母將手掌合起來，讓孩子的手趕緊抽回。這樣的遊戲可

以由父母與孩子輪流交替角色玩。

　　《火金姑》是一本具有濃厚鄉土味的閩南語傳統兒歌集，內容逗趣，展現語文豐富的內涵，其中分成玩語音遊戲的「繞口令」，例如《切桃仔》：「桌頂一支刀仔，一粒桃子，夯刀仔切桃仔，不通切著桌仔。」以事物特徵提供答案線索的「猜謎歌」，例如《荔枝》：「紅關公，白劉備，黑張飛，走去密。」以及文字接龍的「連鎖歌」，例如《火金姑》：「火金姑，來食茶，茶燒燒，來吃弓焦，弓焦冷冷……」以及讓孩子一邊遊戲一邊唸誦的兒歌，例如《枝仔冰》：「枝仔冰，枝仔冰，閻羅王來點兵，啥人掠到去做兵。」讓孩子在唸唸唱唱中體會閩南語的趣味與美感。

　　還有充滿幽默與嬉戲趣味的中國北方童謠《一園青菜成了精》，節奏明快，吟誦起來充滿京劇武戲的氣勢，與穿梭在真實與擬人化間的寫意圖畫相輔相成，引導孩子進入活靈活現的想像世界。《噓！》是一首溫柔甜美的泰國搖籃曲，描述一位母親為了孩子的睡眠不被干擾，忙著安撫各種動物安靜的故事。書中巧妙的運用擬聲詞及重複的句型，形成一首旋律輕快的韻文，朗讀起來充滿了音樂美感，且具有安撫作用。

優美童詩引起孩子共鳴

　　孩子須了解每個人都有將想法與感覺融入詩中的自由，並且願意詮釋詩。《公園裡有一首詩》以多層次的拼貼藝術呈現大自然的豐富與質感，透過童稚的眼光欣賞周遭環境，鼓勵孩子發掘生活中無所不在的詩。例如：蜘蛛認為詩就是「當清晨的露珠閃閃發光。」青蛙認為詩就是「鑽進清涼的水池裡。」貓

頭鷹認為詩就是「明亮的星星在樹梢，草地上鋪滿月光，無聲的翅膀帶我四處飛翔。」我們也可以請孩子選擇自己喜愛的詩，參照其架構模式進行創作，或者為詩繪圖。優美的童詩能引起孩子的共鳴，例如：《歡迎你，寶貝！》，綜合自然的神祕與科學現象，以富節奏與韻律的詩歌歡慶、歌頌新生命的誕生，即使年幼的孩子無法完全了解文本的含意，也會被優美的詩句撫慰而感到安心愉悅。舉例來說：

作者芙瑞雪用堆疊、重複的句子表達熱切期待新生兒的雀躍心情：

馴鹿已經迫不及待把你即將到來的消息告訴了燕鷗。燕鷗告訴鯨魚，鯨魚告訴鮭魚；鮭魚告訴⋯⋯「那孩子就快來了！那孩子就快來了！」

用符合自然現象、滿足孩子自我中心的渴望來描述：

月亮答應你：「寶貝，以後每月一次，我會帶著一張又圓又亮的臉，到你的窗邊來看你。」

地球承諾：「⋯⋯將用強大的地心引力，永遠緊抱著你，讓你不會從地面飄離～」

簡潔美麗的拼貼畫也將這首溫馨的詩，烘托得既典雅又充滿靜逸的美感。

而成功詮釋小女孩孤寂心靈的《緋紅樹》，特殊的編排讓文本富有詩情及戲劇性的效果，情緒的轉換很有層次，蘊藏了希望與自我期許的意念，結尾將原本憂愁的情緒做了巧妙的轉換：

▶《公園裡有一首詩》

作者：米夏‧亞齊（Micha Archer）
繪者：米夏‧亞齊（Micha Archer）
出版社：米奇巴克

「這一天的下場糟得像起頭，可是突然間那東西就在你眼前出現，亮麗而又耀眼悄悄的等著，正如你夢想的那樣。」

帶來了期待與鼓舞。奇幻細膩的圖像處處充滿隱喻的符號，把抽象的概念可視化，是本邀請讀者解讀與感受文圖之美的絕佳繪本。文本與圖像都充滿拼貼、超現實與即興爵士風格的《鳥有翅膀，孩子有書》引導孩子發現事物間的關聯性，恣意的發揮自由想像的空間：「窗戶裡有笑臉，玻璃缸裡有魚。」、「孩子有書，就能自由的飛翔……飛向高高的天空……」訓練孩子將觀察及所思所想串聯成優美的詩句，在生活中輕鬆自在的表達自己的感覺與想法。

奇思妙想的童詩富創意與想像

童詩也常有集冊出版的，作者可能針對一個主題發揮奇思妙想，編寫出系列的短詩。《蝸牛：林良的 78 首詩》以孩子的口吻敘述，文字精簡且俏皮幽默，容易朗朗上口，其中一首《蝸牛 2》：「不要再說我慢，這種話我已經聽過幾萬遍。我最後再說一次：這是為了交通安全。」很適合孩子欣賞後，創意發想

出自己的作品。金子美鈴也是著名的童詩作者，她擅長以細膩純真的手法傳遞人與自然界中動人的聲音與圖像，作品蘊含溫暖的感情，朗讀起來清新動人，例如：《星星和蒲公英》中的《露珠》：

　　誰都不要告訴喔。清晨，庭院的角落裡，花兒在悄悄掉眼淚……

　　此外，《地球筆記本》是本清新、充滿雅趣的童詩集。作者化身為地球，以溫柔、體貼的心看世界，以好奇、友善的態度面對生活的種種。82 首詩記錄了他的奇思妙想，例如《猜謎》：

　　什麼球，可以踩，不能踢？什麼球，可以拍，不能丟？
　　什麼球，可以躺，不能拿？什麼球，不用充氣，不用買？

　　又比如《歡迎光臨》：
　　載著大象，轉轉轉。載著螞蟻，轉轉轉
　　載著戰爭，轉轉轉。載著和平，轉轉轉……
　　請小心呦！不要佔用愛心座！

　　鼓勵孩子把地球擬人化，設身處地的以他的立場出發，想像與感受地球的生活及思維，不僅能滿足與活化孩子的心靈，也能幫助他們領會文字的精妙與美好。

　　閱讀兒歌、童謠、童詩繪本是一種文學與美感的經驗，可以特別提升孩子對韻文的理解力與朗讀的流暢度。在提升理解力方面，可以使用「心智圖像法」

配合「放聲思考法」，也就是請孩子在聽完父母或老師的朗讀後，將想像的圖像說出來，以澄清接收到的訊息，並提升理解力。在提升流暢度方面，可以使用「回音唱誦法」，先由父母或老師朗讀一行詩，再由孩子跟著朗讀一次，模仿其精確性、速度感與表達力。

　　若希望培養孩子對詩的喜愛與投入，需要提供機會讓他們在有趣及有意義的情況下學習。當孩子了解如何在有限的文字中掌握感覺的本質，並習慣將詩的內容與自己的生活經驗連結時，就能享受童詩的魅力。

**親子共讀
小診間**

Q 孩子適合讀古詩嗎？該如何讀？

A：孩子閱讀優美的古詩能陶冶身心，提升文學與美學的素養，並認識古文化的精髓。可以為理解力較高的孩子選擇優良的古詩做延伸閱讀，內容須與孩子的發展及生活經驗相關以產生共鳴，並具有明顯的押韻節奏，朗朗上口。朗讀時可以一邊輕輕地打節拍，一邊搖頭晃腦富節奏感的吟誦。親子共讀後的討論能集中孩子的專注力與參與感，可以試著選不同主題的詩進行欣賞與討論。例如：《望天山門》描述山水互相映襯的雄偉景象，充滿了豐富的想像，共讀後可以與孩子談擬人化的寫景方式，為孩子提供思考的輪廓。《早發白帝城》是作者李白以第一人稱描述遠行的所見、所聞與所感，共讀後可以與孩子以第一人稱描述各自的旅行經驗。

讓孩子與
世界繪本大師相遇

透過深入淺出的引導與活動，
讓孩子體驗 6 位繪本大師的
創意，並增進他們的文學與
藝術素養，擴展他們的認知
與想像力。

艾瑞・卡爾
用童心走進孩子的世界

　　孩子從小閱讀經典除對各領域的發展有顯著的幫助外，也能培養出選擇與鑑賞好書的能力及品味。舉例來說，美國繪本大師艾瑞・卡爾（Eric Carle）的作品深受全世界喜愛，陪伴不同世代的人成長，許多經典繪本非常適合嬰幼兒閱讀，例如：《好餓的毛毛蟲》目前已被翻譯成 50 多種語言，在全球暢銷了 40 多年。卡爾希望孩子知道學習是好玩、愉快、有趣及幽默的，因此書中運用新奇有趣的概念、如玩具般的設計來吸引他們，讓他們在反覆操作中閱讀與學習。寓言、歌謠或傳說都是卡爾常創作的文學類型。他是一位編劇高手，喜歡把懸疑又幽默的故事融合科學信息，讓閱讀除娛樂性也蘊藏教育的意涵。卡爾精湛的拼貼藝術獨樹一格，他先用畫筆揮灑出亮麗、帶有率性筆觸與豐厚肌理感的色紙，然後剪裁、拼貼出不同的圖案。當這些絢麗的拼貼藝術與卡爾充滿愛和希望的文本相輔相成時，閱讀儼然成為一場文學與藝術的饗宴。以下介紹幾本嬰幼兒容易理解，又能刺激感官經驗，進而主動閱讀的精采繪本。

《 棕色的熊、棕色的熊，你在看什麼？》

　　這是卡爾從事繪本創作的第一部作品，也是與比爾・馬丁（Bill Martin）合作

▶ 《**棕色的熊、棕色的熊，你在看什麼？**》

作者：比爾‧馬丁（Bill Martin）
繪者：艾瑞‧卡爾（Eric Carle）
出版社：上誼文化

的經典傑作。卡爾生動活潑的拼貼圖畫被放大安置在跨頁的黑白背景中，很容易吸引小讀者的眼光。馬丁的文本富含押韻節奏，以「棕色的熊、棕色的熊，你在看什麼？」輕快的為整本書拉開序幕，接下來隨著可預測的引導語陸續出現了不同的動物：一隻紅色的鳥、一隻黃色的鴨子……父母可以用其中的重複句型與孩子進行一問一答的遊戲，練習正確使用量詞、形容詞與名詞，例如：「一條」「橘色的」「魚」、「一匹」「藍色」的「馬」，也可以發揮想像力，創造新的詞語組合，例如：一隻「紫色的」貓。繪本最後所有的動物及老師依之前的出場順序排列好，由孩子們一一點名後結束。親子共讀時，可以一起沉浸在優美的韻文中玩語言與預測遊戲，也可以請孩子「讀」這本書，即使他們還不識字，朗讀的美好記憶與圖像暗示，都能幫助他們練習，進而建立獨立閱讀的信心。

親子共讀時，可以做什麼？

一旦孩子熟悉句型模式後，可以進行延伸的寫作活動。建議準備兩張各畫有

不同動物的學習單，讓孩子為動物彩繪，並寫下圖文相對應，以及上下頁相呼
應的句子，例如：圖一、圖二。

＿＿＿＿＿＿＿的小熊，

＿＿＿＿＿＿＿的小熊，

你在看什麼？

我看見一隻

＿＿＿＿＿＿＿的小豬，

在看我。

圖一

＿＿＿＿＿＿＿的小豬，

＿＿＿＿＿＿＿的小豬，

你在看什麼？

我看見一隻

＿＿＿＿＿＿＿的小象，

在看我。

圖二

▶ **《好餓的毛毛蟲》**

作者：艾瑞·卡爾（Eric Carle）
繪者：艾瑞·卡爾（Eric Carle）
出版社：上誼文化

《好餓的毛毛蟲》

　　這本經典繪本描述的是一隻毛毛蟲從躺在葉子上的一顆小小的卵，蛻變成一隻美麗蝴蝶的過程。由於大受歡迎，書中的毛毛蟲幾乎已成為卡爾風格的標誌。其實卡爾剛開始創作這本書時，是以一隻書蟲做主角，經過與編輯安·貝里杜絲（Ann Beneduce）多番討論後，才決定改用毛毛蟲做主角，希望結局呈現出蝴蝶展翅高飛的活力與希望。

　　這本書新穎的藝術技巧，包含媒材、設計與風格都吸引了孩子的注意，精巧的拼貼加上蠟筆的潤飾塑造出令人喜愛的圖像。特殊設計的打洞與大小不一的裁切頁面，可以引起嬰幼兒想用手指鑽洞與探索的興趣，讓繪本成為適合孩子探索的玩具書。

親子共讀時，可以做什麼？

　　如果小寶寶還不會閱讀，可以鼓勵他們用手指頭扮演毛毛蟲、來回翻頁與鑽洞，並從遊戲中了解書本與閱讀的概念。當為孩子朗讀旋律優美的韻文時，

《好忙的蜘蛛》

作者：艾瑞‧卡爾（Eric Carle）

繪者：艾瑞‧卡爾（Eric Carle）

出版社：上誼文化

可以強調食物的名稱，以及數數、配對、時間週期與數量序列的概念，例如：「星期一」它吃了「一個」「蘋果」、「星期二」它吃了「兩個」「梨子」。「蛻變」對孩子來說是一種神奇的轉化，代表了成熟與長大，可以透過共同討論或實際觀察幫助孩子了解。

《好忙的蜘蛛》

　　一早蜘蛛開始在農場裡織網，她沒有理會其他動物的邀請，直到織完網抓住了蒼蠅，才沉沉入睡，結束了忙碌的一天。這本書透過簡單的情節，傳達出每個人可以有不同的生活方式與選擇的訊息。重複句型的對話，以及用擬聲詞開始每一頁的模式，例如：「『ㄋㄟ！ㄋㄟ！』馬兒說要不要去兜兜風呀？」增添了文本的規律性與趣味感，讀起來朗朗上口。最後一頁裡，貓頭鷹在深夜的背景中對蜘蛛的工作發出讚美，成就了令孩子心滿意足的結局。

▶ **《拼拼湊湊的變色龍》**

作者：艾瑞‧卡爾（Eric Carle）
繪者：艾瑞‧卡爾（Eric Carle）
出版社：上誼文化

親子共讀時，可以做什麼？

❶ 請孩子指著動物說出正確的名稱，並模仿他的聲音，例如：狗兒大聲的叫「汪！汪！」豬呼嚕嚕的說：「喔伊！喔伊！」

❷ 也可以玩觸覺與手部精細動作的遊戲，請孩子用手指頭扮演蜘蛛，順著突起的蜘蛛網移動。

《 拼拼湊湊的變色龍 》

　　變色龍可以依環境變化自己的顏色，直到有一天他在動物園中發生了神奇的事：當他羨慕其他動物的能力時，就能擁有對方的特徵。例如：長頸鹿的黃色長脖子、紅鶴的粉紅色翅膀。最後，當擁有各種動物特徵的變色龍，看到一隻蒼蠅卻捉不到時，他希望變回自己。

　　這個故事蘊藏尋求自我認同的寓意，運用幻想帶出動物的相關知識，頁緣的裁切與小插圖，鼓勵孩子對照文本描述的特徵並認識顏色。

▶ 《10隻橡皮小鴨》

作者：艾瑞・卡爾（Eric Carle）
繪者：艾瑞・卡爾（Eric Carle）
出版社：上誼文化

親子共讀時，可以做什麼？

❶ 閱讀前後可以和孩子聊變色龍會變色

偽裝，這種偽裝不能想變什麼就變什麼。

❷ 也可以提供孩子動物照片、影片，或帶孩子實地探訪動物園，讓孩子觀察並

說出動物的特徵。或者也可以提供動物特徵的線索後，讓孩子猜謎。

❸ 對於較大的孩子可以討論羨慕別人時的心情，以及該怎麼處理這種心情，幫

助他們建立正面的自我概念。

　　卡爾的繪本充滿童心，他用豐富的創意與童稚的話語走進孩子充滿幻想的世

界，其藝術性與文學性都獲得極高的讚賞與推崇。父母可以依照孩子的年齡與

興趣做選擇，提供他們結合美學、科學與人文關懷的愉快的閱讀經驗。

《10 隻橡皮小鴨》

　　這是一本充滿想像力和創意的繪本，作、繪者艾瑞・卡爾以一個發生在 1992

年的真實事件為靈感，描述了 10 隻玩具橡皮小鴨從貨輪上掉入海中，隨著洋流

和風向漂流到不同的地方，遇到了不同的動物，直到最後一隻橡皮小鴨找到了一個新的家庭。生動有趣的情節中，語言簡單易懂，並且使用了許多重複的句型和詞彙，有助於孩子們記住語句結構和學習新的詞彙。豐富多彩的動物和海洋風景拼貼畫，讓孩子們欣賞到藝術的美感。透過親子共讀的引導，能夠幫助孩子學習方位詞和數字的概念，並且隨著漂流的橡皮小鴨們環遊世界，認識生物和地理的多樣性。

親子共讀時，可以做什麼？

❶ 建立數學的概念

故事的結構提供了孩子學習數學基本概念的機會，例如：數數和序數。

每當一隻橡皮小鴨遇到新的動物時，可以和孩子一起數數，看看 10 隻橡皮小鴨還剩幾隻沒有遇到新朋友。這種互動式的遊戲可以幫助孩子學習數數、序列和加減法。

❷ 認識動物

漂流的橡皮小鴨們遇到了 10 種不同的海洋生物，有的生活在冰天雪地，有的生活在熱帶雨林，可以和孩子一起討論每隻橡皮小鴨遇到的動物和他們的行為，例如，可以問孩子：「第三隻橡皮小鴨遇到了什麼動物？他是什麼顏色？他對橡皮小鴨做了什麼？」這種問答式的對話可以提升孩子的語言表達力和理解情節的能力。此外，父母也可以幫助孩子了解動物們的習性，例如：北極熊吃什麼食物、適應哪種氣候。

❸ 學習地理知識

　　10 隻橡皮小鴨的漂流路線不一，分別漂向東邊、西邊、左邊、右邊、上面、下面……可以和孩子一起學習方位詞和空間的概念，看看橡皮小鴨們朝向哪些方向漂流。由於這個故事的靈感來自於真實的事件，且科學家們認為橡皮小鴨們的漂流路線能夠為洋流和地球氣候變化的研究提供幫助，因此追蹤、記錄下他們的漂流路線。如果父母想激發孩子的好奇心，進一步探索和學習更多有趣的知識，可以上網尋找簡易的漂流路線地圖，並且依照書中不同動物所在的方位，一起猜猜小鴨們可能漂流到的地理位置和環境。

❹ 培養同理心

　　故事的情節充滿了各種情緒感受，例如：驚訝、害怕、喜悅、開心等。可以引導孩子認識和理解這些基本的情緒。例如：當描述橡皮小鴨被暴風雨吹走時，可以問孩子：「你覺得橡皮小鴨們會有什麼感覺？」當第 10 隻橡皮小鴨跟著鴨媽媽和小鴨們漂啊漂，並且說晚安「咕哇！」時，可以問孩子：「你覺得第 10 隻橡皮小鴨開心嗎？為什麼？」當閱讀完後，可以問孩子：「你覺得橡皮小鴨的故事有趣嗎？」、「你會想要和哪些動物做朋友？」、「你會想要去哪些地方旅行？」透過同理心的練習，可以讓孩子更理解自己和別人的情緒反應。

　　希望您與孩子能夠共享閱讀《10 隻橡皮小鴨》的樂趣，增進彼此的感情，提升孩子的語言和思維能力，並且激發孩子對於世界的好奇心和探索慾。

李歐・李奧尼
啟蒙兒童思考的經典

　　李歐・李奧尼（Leo Lionni）於 1910 年出生在荷蘭，1999 年辭世，是國際知名的全方位藝文創作者，跨足繪本創作、平面藝術設計、雕塑，建築等領域。他 13 歲時隨家人輾轉到義大利、美國生活，1984 年得到美國平面設計協會金牌獎，2007 年獲美國插畫家協會追諡終身成就獎。李奧尼的作品具有雋永的寓意，本人被芝加哥論壇報（Chicago Tribune）譽為「精簡寓言的大師」。

　　李奧尼一生創作超過 40 本高品質的繪本，出道之作《小藍和小黃》一鳴驚人，並曾經以《一吋蟲》、《小黑魚》、《田鼠阿佛》、《亞歷山大和發條鼠》，榮

▶ 《田鼠阿佛》
▶ 《小藍和小黃》

作者：李歐・李奧尼（Leo Lionni）
繪者：李歐・李奧尼（Leo Lionni）
出版社：上誼文化

獲 4 次美國繪本凱迪克榮譽獎。他喜歡仔細的觀察及師法自然界的美景和生物，繪本的背景常設定在大自然中。透過簡約的圖像設計、多媒材的混搭，以及多層次、三度空間的拼貼藝術，創造出虛實交替的故事，既溫馨、創意，又發人深省。

李奧尼具有經濟學博士學位，但沒有接受過任何學院派的藝術訓練。他成長在充滿藝術氛圍的家庭，並且努力自學。常有人問他關於創作的靈感，李奧尼曾經回答：「我們無窮盡的心智意象中，不時會湧現一些意想不到的東西，儘管它可能含糊不清，但似乎預表了某種形式或意義，更重要的是，它具有不可抗拒的詩意。」

李歐‧李奧尼的繪本與孩子

李歐‧李奧尼創作的故事和每個人的生活經驗有關，尤其能夠激發孩子極大的興趣和共鳴。舉例來說，《一起來做兔子吧》看似簡短的想像故事，設計的用心和寓意非常的深刻。寫實的剪刀和胡蘿蔔素描，簡筆勾勒的兔子輪廓，以及剪紙拼貼的彩色兔子同時在畫面中出現，產生奇幻的氛圍，引發讀者無限的想像空間，期待奇蹟妙事的發生！

筆者曾和幼兒園大班的孩子們分享及討論這個故事幾回，孩子們非常喜歡，會要求反覆的閱讀。請他們分享心得時，有孩子回應：「剪刀和鉛筆就像爸爸媽媽，他們創造了兩隻兔子。」當我再問：「為什麼兔子們覺得餓時，剪刀和鉛筆第一次有回應他們的要求，後來就不出現了呢？」一個孩子搶著說：「因為兔子還小，剪刀、鉛筆會做胡蘿蔔給他們吃，就像爸爸媽媽會餵小嬰兒吃奶

一樣。」也有孩子說：「等兔子長大了，爸爸媽媽就讓他們出去，自己找東西吃。」

我很驚喜孩子們能夠用角色扮演的想像遊戲，把故事裡抽象的東西擬人化，並且和自己的生活經驗連結，清楚合理的解釋出角色間的關係和情節發展。當然，孩子們在不自覺中，也說出了故事裡隱含的人生哲理。

李奧尼的作品深入淺出，善用寓言闡述某個道理或教訓，其中諷刺或勸戒的意涵耐人尋味。細膩的圖像充滿了平面設計的藝術美感，孩子們也能夠模仿學習。當孩子獨立閱讀這些高品質的繪本時，會愛上故事及個性鮮明的角色。若親子共讀，更能夠幫助孩子在輕鬆愉快的氛圍中，進行哲學思考，投入解決問題或藝術創作的活動。

例如：在《世界上最大的房子》裡，一隻小蝸牛想要一個全世界最大的房子，努力的建造美麗的「豪宅」，結果因為太重，讓他無法移動和進食。共讀這個故事後，父母可以引導孩子進行腦力激盪，想想什麼才是真正適合小蝸牛的房子？小蝸牛可以如何解決困難？自己是否曾經遇過類似的情形？引導孩子聯想相關的經驗，增加對故事的理解，透過討論進行批判性思考。

促進批判性思考的「放聲思考」法

　　一種有效幫助孩子將繪本的角色、事件和自己的生活連結，並產生意義的閱讀策略，是將繪本和孩子，繪本和文本，繪本和圖畫、繪本和世界連結後做比較，能夠幫助孩子將故事與個人產生關係，提升理解能力，以及討論遭遇困難時，該如何解決比較好。好的繪本適合單本閱讀，也適合做多本交叉比對閱讀。李奧尼的繪本風格獨特，富含社會人文關懷，深受孩子的喜愛，很適合用來做比較和對照，以下將他的 5 本繪本內容整理成圖表供參考（見圖一）。

運用繪本製造有意義的連結

　　當父母運用繪本製造有意義的連結時，可以運用「放聲思考」法[1]，為孩子做示範，讓孩子清楚及學習父母的閱讀思考過程，增進批判性思考的能力。透過這種策略，孩子學會掌握及確定在閱讀過程中，自己持續的獲得意義和進步。提供幾點閱讀前、中、後可使用的放聲思考策略供參考，請見圖二、三、四。

【1】　放聲思考法（Think Aloud）又稱為有聲思考法，是內省法（introspective method） 的一種，強調口述出無法由外在觀察的內在認知思考過程。親子共讀時，父母可用來示範如何閱讀及理解句子的意義，或說故事的運思過程。

故事概要	主角的正向行為	寓意
《世界上最大的房子》： 1 隻小蝸牛夢想擁有世界上最大的房子。當他聽完爸爸說的寓言故事，了解最大、最豪華的殼只會造成負擔，於是改變想法，製造輕巧的殼，並揹著到處遊歷，開心極了！	小蝸牛學習故事裡的教訓，選擇製造適合自己的房子。	適合自己的，才是最好的。
《亞歷山大和發條鼠》： 老鼠亞歷山大羨慕發條鼠威利，不被人追打，又受主人安妮的喜愛。當他冒險請魔法蜥蜴將自己變成發條鼠時，突然轉念……。	亞歷山大冒險幫助朋友，並努力實現夢想。	自由、自主比受限、依賴可貴。
《一顆奇特的蛋》： 3 隻青蛙住在一起，其中一隻撿來 1 顆蛋，孵出了「小雞」，他們一起生活一起玩，直到小雞找到了媽媽。青蛙們為小雞感到高興，但不了解雞媽媽為何叫小雞為小鱷魚呢？	三隻青蛙與小鱷魚互助、互信、互愛。	友情可以打破先天的藩籬。
《小老鼠緹莉和一堵牆》： 一群老鼠從不在意身邊的牆，只有緹莉對牆的另一邊充滿幻想，且嘗試探險。終於她克服了困難，到達牆的另一邊。	緹莉好奇、好學不倦，帶領大家突破障礙，發現新天地。	好奇與毅力是打開新世界的鑰匙。
《一起來做兔子吧》： 剪刀和鉛筆一起做了兩隻兔子。當兔子們第一次餓時，剪刀和鉛筆會提供他們胡蘿蔔。當兔子們第二次餓時，剪刀和鉛筆不再出現，結果驚喜發生了！	兩隻兔子主動踏出安全的舒適圈去覓食。	創意想像能製造奇蹟。

圖一

閱讀前 的放聲思考策略	
當父母說……	父母引導……
《世界上最大的房子》：讓我們讀《世界上最大的房子》，看看蝸牛是自己製造房子，還是像寄居蟹一樣，需依賴別人留下的空殼。	**設下閱讀的目的：**在閱讀前思考，他們為什麼閱讀這本書？
《世界上最大的房子》：這本書是有關小蝸牛製造房子的故事。我看過寄居蟹換殼，不知道蝸牛會自己長殼。我們還可以找什麼書或影片，了解蝸牛殼的製造過程嗎？	**活化背景知識：**比較和對比人、事、物。
《亞歷山大和發條鼠》：蜥蜴完成亞歷山大的願望，將威利變成一隻發條鼠，這是一個魔法童話。	**使用文本結構去理解：**了解繪本的形式或故事的種類。

圖二

閱讀中 的放聲思考策略	
當父母說……	父母引導……
《一顆奇特的蛋》：我認為「小雞」一定會發現自己是「鱷魚」，因為她找到自己的鱷魚媽媽了。	**預測：**用因果關係的思考模式去推測和檢驗情節的後續發展。
《亞歷山大和發條鼠》：當威利快被丟掉時，亞歷山大看起來差點哭了。他一定很擔心、難過。	**以同理心回應：**說出自己的情緒或感覺，對別人表現關懷和同理。
《小老鼠緹莉和一堵牆》：我第一天到小學上課時，和緹莉一樣好奇。結果發現小學比幼兒園大很多，還認識了新朋友。回家後，爸爸媽媽高興的問我在學校發生的事，只是沒有舉行慶祝會。	**將文本與個人的經驗連結：**比較和對比人、事、物。

圖三

閱讀後 的放聲思考策略	
當父母說……	父母引導……
《一起來做兔子吧》：當剪刀兔和鉛筆兔啃了有影子的胡蘿蔔後，也變得有影子了，你看，影子在這裡	**重述故事：**有時會透過記憶和觀察圖畫說故事。
《一顆奇特的蛋》、**《小老鼠緹莉和一堵牆》**：我發現在《一顆奇特的蛋》中出現的巨大的鵝卵石紀念碑，也在《小老鼠緹莉和一堵牆》中出現，兩個故事的背景相同嗎？	**把不同的文本做比較和對照：**將文本與文本連結，找出相同和相異處。
我發現李奧尼會用不同的藝術媒材和拼貼技法作畫。故事內容和創意、想像、友誼、勇氣有關，結局都很愉快。	**了解作者的創作風格：**發現作者的想法、創作手法和想傳遞的訊息。

圖四

藝術創作

練習將文本和圖畫、世界等做有意義的連結。

❶ 放聲朗讀《世界上最大的房子》中，描述小蝸牛出發去認識世界的那段詩文：

「一些葉子在微風中輕輕的飄動……」。

❷ 觀察書中描繪自然景觀的圖像細節。

❸ 安排和孩子到公園或野外散步，尋找書中提到的自然物，並撿拾小石子、蕨類、花朵等帶回家。

❹ 請孩子說出與自然接觸的感覺，並將撿拾的東西和圖像做比較，發現相同、相異處。

❺ 請孩子參考實物和李奧尼的畫，創作自己的作品。

❻ 請孩子學習描述自己的作品，父母可以幫忙用文字做紀錄。

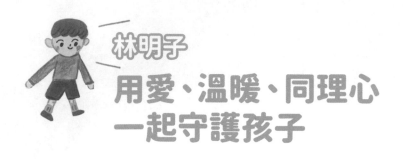

林明子
用愛、溫暖、同理心
一起守護孩子

林明子於 1945 年出生在日本東京，畢業於橫濱國立大學教育學部美術系。她長年活躍在國際的繪本領域，對兒童的觀察非常的深刻細緻，擅長描寫孩子的生活故事。林明子的作品被翻譯成許多國的語言，受到各國讀者的喜愛，兒童文學家松居直曾誇讚她的作品表現細膩，給予人溫暖的感覺。吉卜力工作室的動畫導演宮崎駿也曾推崇林明子在《第一次出門買東西》裡的表現，他的工

▶《第一次出門買東西》

作者：筒井賴子
繪者：林明子
出版社：親子天下

作室在 2002 年發表了短篇動畫《可羅的大散步》，其中的小鎮背景就是參考了林明子在繪本《第一次出門買東西》裡描繪的風格。

　　林明子也曾榮獲許多繪本大獎，例如：自寫自畫的《小根和小秋》獲得日本講談社的「繪本獎」。除了自寫自畫，她也和多位知名的兒童文學家合作過，例如：神澤利子的《我們一起做麵包》，筒井賴子的《是誰在門外啊？》、《第一次出門買東西》、《佳佳的妹妹不見了》，征矢清的《葉子小屋》。林明子擅長圖文互補，總是能完美的詮釋作品。

林明子的繪本風格

文本風格

　　呈現出兒童文學之美，主題包含了生活、教育、敘事、情感、成長或旅行。舉例來說，《第一次出門買東西》運用簡潔流暢的語言，帶領讀者跟著小米去冒險，感受她的心情和想法，

▶ 《是誰在門外啊？》

作者：筒井賴子
繪者：林明子
出版社：聯經出版

親切的陪伴小米成長。《我們一起做麵包》具有生活教育的內容，傳達了動手做事的樂趣。《佳佳的妹妹不見了》展現孩子的責任感和姐妹的親情，溫馨動人的主題及富戲劇張力的轉折，能夠引發孩子的共鳴。《葉子小屋》具有幻想的元素，反映了對自然界的觀察和欣賞。《是誰在門外啊？》具有敘事的結構，反映了孩子對搬新家及認識新朋友的疑慮。《小根和小秋》反映了孩子面對挑戰和困難的成長過程，展現旅行中的驚喜。

繪畫風格

　　林明子喜歡讓讀者在圖畫中發現許多驚喜和感動。她擅長以孩子的視角來呈現故事，讓小讀者能夠感受到自己的視野和想像。她注重細節和真實性，會請親友當模特兒拍照後再來繪製。她也善於和不同風格的文學家合作，能夠適應不同的故事主題和氛圍，並且尊重文本的內涵，不刻意去展現自己的畫技，而是敏銳、溫柔的表現出孩子們

▶《佳佳的妹妹不見了》

作者：筒井賴子
繪者：林明子
出版社：親子天下

所關懷和理解的世界。綜觀林明子的作品，總是能以細膩的筆觸、豐富的細節來呈現孩子的成長歷程和日常生活，給予讀者溫暖和勇氣。

　　林明子特別喜歡使用彩色鉛筆和水彩來創作，表現出細微的色彩變化和光影效果。畫面中常增加許多次要的角色和線索來豐富故事的背景和內容，提升讀者的好奇心和想像力，例如：《是誰在門外啊？》。她也會運用小圓框來聚焦角色間的互動，以及使用大圓弧框來表現小主角們在大自然中的渺小。在大小的對比中，呈現視覺的變化和律動，讓讀者感受到主角們的情緒變化，例如：《小根和小秋》中，角色們的心情轉折。此外，林明子寫實細膩的畫風特別能將角色的姿態、表情、服裝和周圍的環境表現得絲絲入扣，反映出故事的時代背景和生活感，例如：《第一次出門買東西》呈現出 1970 年代日本的社區生活，充滿溫馨而純樸的氛圍。

▶《小根和小秋》

作者：林明子
繪者：林明子
出版社：維京國際

▶《葉子小屋》

作者：征矢清
繪者：林明子
出版社：聯經出版

▶《我們一起做麵包》

作者：神澤利子
繪者：林明子
出版社：聯經出版

　　林明子的作品以孩子為中心，含有寓意及角色的正向行為和情感，容易和孩子產生有意義的連結，適合單本欣賞，也適合選擇幾本一起閱讀。可以讓孩子將繪本和自我，繪本和文本，繪本和圖畫、繪本和世界連結後做比較（見圖一）。學習以繪本為參考，以自我為中心，出發看世界。在相對的比較下更進一步的了解世界，提升同理心和愛己助人的動機（見圖二）。

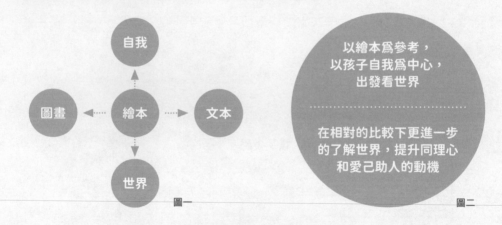

圖一　　　　　　　　　　　　　　　　　　　　　圖二

科學化的系統性思考

　　親子共讀後，適合和孩子進行科學化的系統性思考。以下用《第一次出門買東西》、《我們一起做麵包》、《佳佳的妹妹不見了》、《葉子小屋》、《是誰在門外啊？》、《小根和小秋》為例子，進行討論和比較（見圖三）。

故事概要	主角的正向行為	寓意
《第一次出門買東西》： 小米第一次獨自上街買東西，她克服了路上的困難和危險，完成了任務，這是她從依賴轉變為自立的過程，也得到了家人的信任和鼓勵。	遇到了各種困難和危險，但沒有放棄，而是勇敢的完成任務。	面對挑戰，需有勇氣和決心。
《我們一起做麵包》： 三個小朋友自己練習做麵包，他們先準備好材料，然後揉麵團，再等待麵團發酵，和做出各種可愛的形狀，最後烤出香噴噴的麵包一起享用。	耐心的按步驟操作，像做實驗一樣的完成了美味的烤麵包。	自己動手做，能滿足好奇，享受過程和成果。
《佳佳的妹妹不見了》： 媽媽請佳佳幫忙照顧妹妹小鈴，但佳佳因一時疏忽，讓妹妹走失了。佳佳著急的在大街上尋找妹妹，最後在公園裡找到了小鈴。	佳佳沒有逃避責任，而是努力負責的找到失散的妹妹。	從幫忙照顧手足的過程中，得到自我成長。
《葉子小屋》： 莎莎在雨天發現了一個葉子小屋，她進去躲雨和昆蟲們玩耍，享受自己的想像空間。雨停了，她帶著花環開心的回家找媽媽。	莎莎對自然界的生物感興趣，並且發揮創意想像，享受與昆蟲們共處的時間。	愛護自然，並保有好奇心，能感受發現的樂趣。
《是誰在門外啊？》： 小惠搬家後，屋外頻頻傳來敲門聲，並陸續收到不具名的禮物，結果發現是鄰居小女孩送的，最後彼此成為玩伴。	小惠好奇、探索、友善、勇敢、真誠的面對新朋友。	轉換環境是一種改變，也是一種成長。
《小根和小秋》： 小根是奶奶送給小秋的狐狸布偶，從出生就陪著小秋，因為小根舊了需要修補，於是，小根和小秋一起坐火車去找奶奶，旅途中，他們遭遇各種驚險，最後順利抵達奶奶家。	小根與小秋彼此互相幫助、友愛。	想像可以幫助發展認知、情緒和創造力，也有助於體驗不同的角色和情境。

圖三

運用繪本搭起思考與對話的橋梁

當父母運用繪本製造有意義的連結時，可以運用「放聲思考」法為孩子做示範。父母把自己的思考過程說出來，讓孩子清楚及學習父母的閱讀運思過程，包括如何閱讀、理解句子或是如何說故事，來增進孩子批判性思維的能力。

- **放聲思考法的討論方向：**林明子的故事多指向創意、想像、友誼、勇氣，這些主題值得與孩子反覆思考和討論。

- **放聲思考的策略：**分為閱讀前、閱讀中、閱讀後，請見圖四至圖六。

閱讀前 的放聲思考策略	
當父母說……	父母引導……
《我們一起做麵包》：你知道麵包怎麼做的嗎？讓我們讀《我們一起做麵包》，然後跟著書中的步驟一起做麵包喔！	**設下閱讀的目的：**在閱讀前思考，他們為什麼閱讀這本書？
《葉子小屋》：莎莎遇見了哪些朋友？有哪些是昆蟲？文本中還有兩位朋友沒有被提到，你發現了嗎？他們是動物、植物，還是……？	**活化背景知識：**比較和對比人、事、物。
《小根和小秋》：這是一個關於友誼和想像的冒險故事，內容是可愛的狐狸布偶小根和小女孩小秋要坐火車去探望奶奶，途中遇到了許多困難和驚險，但也學習了彼此互相幫助和友愛。	**使用文本結構去理解：**了解繪本的形式或故事的種類。

圖四

閱讀中 的放聲思考策略	
當父母說……	**父母引導……**
《小根和小秋》：我覺得小根一直很照顧小秋，小秋也非常依賴小根。直到小根被火車們夾住、被野狗叼走……小秋開始鼓起勇氣和成長，變成由她來照顧小根。	**預測：**用因果關係的思考模式去推測和檢驗情節的後續發展。
《小根和小秋》：當小秋在火車上等不到小根時，小秋哭了，她一定很擔心、難過又害怕。如果你是小秋，你會怎麼辦呢？	**以同理心回應：**說出自己的情緒或感覺，對別人表現關懷和同理。
《是誰在門外啊？》：我第一天上幼兒園時，和小惠一樣覺得陌生和好奇，結果發現了許多有趣的事，還交了一些新朋友。你一天上幼兒園時，感覺如何？有交到好朋友嗎？	**將文本與個人的經驗連結：**比較和對比人、事、物。

圖五

閱讀後 的放聲思考策略	
當父母說……	**父母引導……**
《是誰在門外啊？》：當小惠搬到新家時，想和她做朋友的鄰居小女孩什麼時候出現？	**重述故事：**有時會透過記憶和觀察圖畫說故事。
《是誰在門外啊？》、《小根和小秋》：在《是誰在門外啊？》和《小根與小秋》中，各有一對好朋友，他們是誰？他們彼此是怎麼認識的？他們之間的關係和友誼如何？你也有類似的好朋友嗎？	**把不同的文本做比較和對照：**將文本與文本連結，找出相同和相異處。
我發現林明子喜歡用色鉛筆和水彩作畫。故事內容和創意、想像、友誼、勇氣有關，結局都很愉快。你最喜歡林明子的哪本書？為什麼？	**了解作者的創作風格：**發現作者的想法、創作手法和想傳遞的訊息。

圖六

藝術創作

　　將《是誰在門外啊？》的文本和圖畫，與孩子本身及世界做有意義的連結，請見圖七至圖九。

* 材料：兩張 A4 大小的彩色書面紙、色鉛筆，水彩，剪刀，膠水，色紙。
* 作法：請孩子參考林明子的畫，創作自己的友誼卡和小禮物。

圖七

圖片來源：《是誰在門外啊？》作者：筒井賴子／繪者：林明子／出版社：聯經出版

親愛的小惠：

有你這個朋友真好，真的好開心呀！等你一起去公園玩。

小花 2024 / 1 / 1

圖八

親愛的 _____ ：

有你這個朋友真好，真的好開心呀！

等你一起去 _____ 。

_____ / _____ / _____

圖九

欣賞完 6 本林明子的作品，認識了她的創作風格，以及進行了系統性思考活動後，建議可以進階閱讀《今天是什麼日子？》使用尋寶和拼圖遊戲的方式讓孩子能邊閱讀，邊串聯起親子之愛，並且培養讀寫素養。

培養讀寫素養

　　《今天是什麼日子？》看到這句當成書名的日常問句，不禁令人產生好奇，在孩子的心目中，什麼日子特別值得重視？是生日、入學日，還是……。再瞧瞧封面框架外的小女孩巧巧，正躡手躡腳的瞄著框架內的爸爸、媽媽，好像在藏什麼似的，更引發了小讀者的疑竇！全書帶著偵探色彩的尋寶故事，就此神祕登場了！如果想先和孩子玩個說故事前的預測遊戲，也可以直接翻轉到封底，看看可愛的小狗和小狗玩偶，他們將成為書中尋寶的線索。

　　林明子運用細緻、巧妙的設計，把故事場景和人物描繪的十分考究，呈現出現代日本小家庭的日常生活和文化特質。搭配作者瀨田貞二趣味的邏輯推理，以及家庭成員彼此的親密互動，讓這本繪本成為受人推崇與喜愛的經典之作。在閱讀中，可以享受親人間無私的愛與體貼。

　　延續封面的懸疑感，翻開書名頁，巧巧正從爸爸的西裝口袋裡拿了或放了什麼東西嗎？接著讀者們將陪著媽媽，在巧巧精心設計的連環猜謎中一一解開祕密。媽媽非常配合的循著巧巧的指令翻箱倒櫃、爬上爬下，一點都不輕忽小女兒的用心。為了讓讀者感受到媽媽在熟悉的動線和空間中，進行非日常的尋寶活動，林明子特別透過了房子的剖面圖，讓讀者更全面的欣賞巧巧的居家環境。也在這麼認真的解密過程中，讓我們看到了巧巧和媽媽之間的默契，例如：巧

巧出謎題問媽媽，自己最喜歡的是哪一本書？如果媽媽答不出來，那麼遊戲就得中止。所幸媽媽一個接著一個的過關得點，即使畫面中只有她一個人，也能感受到巧巧的愛陪伴著媽媽，為她加油打氣！當然，巧巧也沒忘記邀請爸爸參與遊戲，而且林明子早在書名頁就埋下了伏筆，讓爸爸握有尋寶的最後一張拼圖，等他回家，把 10 封信合在一起時，謎底就揭曉了！

巧巧將爸爸媽媽的結婚紀念日放在心上，並細心的準備和慶祝讓人感動。爸爸媽媽慶祝結婚紀念日的方式，竟然是為巧巧送上心愛的小狗，也令人動容。這讓我想起，自從有了孩子以後，我幾乎沒有，也沒想要過生日或結婚紀念日，直到孩子長大了，開始會幫我和爸爸慶生及提醒我們結婚紀念日到了！我想這種心情或許和家人間，彼此的恩愛與傳承有關，就像這個故事不僅是一場有趣的家庭尋寶和寫作遊戲，也是日常生活中最不平凡的愛的表現！

提升讀寫素養的遊戲活動

親子共讀《今天是什麼日子？》後，可以和孩子進行有趣的活動，包括用獨自朗讀、輪流朗讀、回音朗讀和齊聲朗讀的方式，朗讀巧巧在書中唱的詩歌。例如：運用「回音朗讀」的方式，由父母先朗讀一句，然後輪到孩子照樣朗讀一句，請見圖十。也可以使用部分「回音朗讀」的方式，由父母先朗讀一句，再輪孩子朗讀，而且只朗讀句子底下有畫線的部分，玩聲音變化的遊戲，請見圖十一。此外，也可以和孩子一起仿效巧巧，創作藏頭詩，一起動動腦，玩益智尋寶的猜謎遊戲，請見圖十二。

圖十

部分回音朗讀

媽媽朗讀：你知道嗎？你知道嗎？今天是<u>什麼日子</u>？

孩子朗讀：什麼日子？

媽媽朗讀：請到信裡去<u>找小樹</u>。

孩子朗讀：找小樹。

媽媽朗讀：把樹下的字<u>排起來</u>。

孩子朗讀：排起來。

圖十一

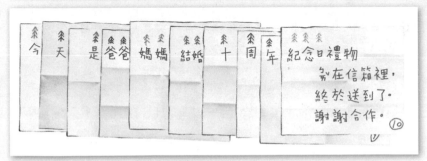

圖十二

圖片來源：《今天是什麼日子？》作者：瀨田貞二／繪者：林明子／出版社：親子天下

碧雅翠絲・波特
注重自然生態與超越時代遠見的女性

　　碧雅翠絲・波特（Helen Beatrix Potter）出生於 1866 年 7 月 28 日，1943 年 12 月 22 日過世。她是一位英國繪本創作者，作品包括了自寫自畫的《小兔彼得的故事》、兩本童謠、兩本折疊書等共 23 本，至今依然聞名於世。此外，波特也留下了《穿長靴的小貓》的文字手稿，這個故事在她過世後，由安徒生獎得主昆丁・布萊克繪圖後出版。

　　波特為了保護個人的智慧財產權，特別將自己所有的創作都申請了專利。她也將繪本和其中的動物角色製作成周邊商品，例如：把受歡迎的彼得兔製作成玩具、桌遊、操作書與茶具組等。目前波特的紙本書也被製作成電子書，仍受到孩子們的喜愛。因此，我們可以說波特是帶動童書產業發展，以及文化創意的先行者。

　　波特從小特別喜歡動物、熱愛自然，一生致力於環境保育的工作，也是環境守護者。她用版稅收入買下了英國湖區的一些土地，阻止都市入侵鄉間，避免土地遭受開發破壞。目前她所保護的英國湖區的自然景觀和生態仍然維持了美麗的原始樣貌。波特生前也相當的照顧當地的動物和鄉民，如果農夫無法負擔

獸醫費用，她會幫忙支付。當鄉村家庭缺乏醫療照護，她也會請護士幫忙照顧，並且提供護士住宿和車輛。她甚至和丘頂農場的經理史托利一起飼養、保存了當時瀕臨絕種的賀德威羊。波特在 1943 年過世時，留下了超過 4000 英畝的土地給英國國家信託基金會。

此外，波特應該是英國主張地衣共生特性的第一人，著有《談真菌孢子的萌芽》論文。她對於真菌的研究與水彩畫，目前仍然得到真菌學領域的廣泛尊崇。波特的觀念、才華、行動、遠見都超越了時代。

具有百年雋永，歷久彌新的繪本風格與魅力

波特經典的創作是各世代家庭共同的感動和回憶，例如：小兔彼得活潑可愛的形象，清新動人的故事，自 1902 年出版後，就吸引了一世紀孩子的目光。她的創作維持了想像力和現實之間的平衡。獨特的詮釋角度，能夠捕捉到兒童和動物的本性，既幽默又犀利。

information
BOOK

▶《小兔彼得的故事》

作者：碧雅翠絲·波特（Beatrix Potter）
繪者：碧雅翠絲·波特（Beatrix Potter）
出版社：青林國際

故事的遣詞用字淺顯、簡潔，是富哲理的動物寓言，充滿了隱喻和象徵，趣味十足，讓孩子很容易親近、理解，以及獲得微妙的啟示。

能引起孩子的認同和喜愛

波特創作的故事和每個人的生活經驗有關，能夠激發孩子的興趣和產生共鳴。她認為自己的作品是真正為孩子所寫的，所以才會成功。

當孩子閱讀這些高品質的繪本時，會愛上故事及個性鮮明的角色。例如：《小兔彼得的故事》原來是寫給臥病在床，5 歲的諾雅的信，後來成為波特的第一本童書。小兔彼得的原型是波特的紅褐色寵物兔子，很有表演天分。小兔彼得家住的砂洞是以英國湖區的森林為藍本所描繪的。

波特在創作上特別吸引孩子的，還包括了她的童話簡潔、設計用心和寓意深刻。波特擅長使用寫實水彩畫勾勒出活靈活現的動物輪廓，搭配自然的景觀和擬人化的畫面，產生出奇幻的氛圍而引發想像。例如：《刺蝟溫迪琪的故事》是波特根據童年在蘇格蘭度假時，遇見的一位洗衣婦來創作刺蝟溫迪琪太太的角色。動物模特兒是波特的寵物刺蝟，會打呵欠和咬她。溫迪琪太太的家在湖區的貓鈴，從那裡可以看到新地谷的全貌。小露西是根據新地教區牧師的女兒所畫的，新地離故事的場景不遠。

波特的故事也可以引導孩子進行腦力激盪，想想遭遇困難時該如何解決，以及是否自己有過類似的經驗。很少只提出單一的問題解答，例如：《小兔班傑明的故事》是《小兔彼得的故事》的續集，場景又回到了麥先生的菜園，同樣也發生了一場驚奇的冒險，是波特在湖區的福園度假時所畫的。小兔班傑明是

▶ **《母鴨潔瑪的故事》**

作者：碧雅翠絲 波特（Beatrix Potter）
繪者：碧雅翠絲 波特（Beatrix Potter）
出版社：青林國際

波特的另一隻寵物兔，他經常表現出滑稽的行為，喜歡在灌木叢中撿拾醋栗，也喜歡吃奶油吐司。只要聽到下午茶的鈴聲響起，班傑明就會快跑出現。

　　親子共讀波特的作品能夠幫助孩子在輕鬆愉快的氛圍中，進行哲學思考和討論。例如：《母鴨潔瑪的故事》創作於 1908 年，場景發生在波特居住的丘頂農場。當時負責管理的是坎農先生，他的太太、小孩雷夫與貝絲都出現在故事裡。農場附近的許多景色，像是丘頂的大鐵門、後門、當地的小酒館（Tower Bank Arms）和自然風景都栩栩如生。

　　波特的繪本內容很容易和孩子產生有意義的連結，以下用《小兔彼得的故事》、《小兔班傑明的故事》、《母鴨潔瑪的故事》、《刺蝟溫迪琪的故事》為例子，提供和孩子進行系統性思考與討論的參考。

故事概要	角色們的行為	寓意
《小兔彼得的故事》：4 隻小兔子小福、小毛、小白和彼得及媽媽，住在樅樹根下的砂洞裡，爸爸被麥先生做成了餡餅。媽媽叮嚀他們要遠離麥先生的菜園，但彼得不聽話，最後弄丟了鞋子和外套逃回家。晚餐，彼得只喝了當藥吃的菊花茶，其他小兔子卻享用了美食！	· 彼得淘氣、不聽媽媽的話，結果陷入險境。 · 小福、小毛、小白聽媽媽的話，並且小心謹慎。 · 彼得媽媽獨力扶養四隻小兔。	接受長輩的忠告，避開危險。
《小兔班傑明的故事》：彼得的表哥班傑明帶著彼得，趁麥先生夫婦出門，去菜園拿回鞋子和外套，遇到大貓，被困在籃子裡。還好老班傑明神氣的趕走大貓，救出班傑明和彼得！	· 勇敢的班傑明願意主動幫助彼得。 · 老班傑明有勇有謀，智取大貓，救出兒子和侄兒。	幫助別人，需先有周詳的計畫。
《母鴨潔瑪的故事》：母鴨潔瑪希望孵自己的蛋，但她的蛋總被主人拿走，於是她下定決心要把窩做在農場外的地方。一隻狐狸紳士推薦自己的小木屋給她做窩，潔瑪相信了。隔天，潔瑪出發時，被牧羊犬凱普發現了。凱普去找獵狗朋友幫忙，趕走了狐狸。	· 潔瑪不接受別人的否定和安排，最後終於自己孵出了鴨寶寶。 · 潔瑪太想孵自己的蛋，而忽略了可能的危險。 · 外表英俊瀟灑，彬彬有禮的紳士，其實是兇惡的狐狸。	不要憑外貌，就相信別人的花言巧語。

《刺蝟溫迪琪的故事》：傷心的露西到處找手帕，遇到一位矮胖的洗衣婦溫迪琪太太，她撿到露西的手帕和圍兜，還幫露西把手帕燙平。露西陪著溫迪琪太太說再見時，她變得好小還長滿了尖刺，原來她是一隻刺蝟。

‧勤勞和善的溫迪琪太太幫助小動物們，把衣服清洗和燙熨整齊。
‧露西當溫迪琪太太的小幫手，一起將清潔好的衣物送還給小動物們。

好奇與想像是打開奇幻世界的鑰匙。

「放聲思考」策略的討論方向

當父母運用波特的繪本製造和孩子有意義的連結時，可以運用「放聲思考」法為孩子做示範。

波特的故事都指向自我認同和友誼的主題，如「我是誰？」、「我自己可以決定的是什麼？」父母可以運用放聲思考策略，引導孩子思考想要被愛就必須和大家一樣嗎？討論人生的矛盾和抉擇，現實和理想的拉鋸戰等，請見圖一至三。

閱讀前 的放聲思考策略	
當父母說……	父母引導……
《小兔彼得的故事》：讓我們讀《小兔彼得的故事》，看看彼得和其他小兔子發生了什麼事？他們有一起玩嗎？	**設下閱讀的目的**：在閱讀前思考，故事可能的發展？
《母鴨潔瑪的故事》：故事一開始，農夫太太不讓潔瑪自己孵蛋，在農村裡會用母雞孵鴨蛋嗎？	**活化背景知識，提升注意力**：比較和對比人、事、物。
《刺蝟溫迪琪的故事》：《刺蝟溫迪琪的故事》中，當露西要和溫迪琪太太說再見時，她變成好小的刺蝟。這個故事是露西睡著時作夢嗎？但露西怎麼找回手帕和圍兜的？這是一個奇幻童話故事。	**使用文本結構去理解**：了解繪本的形式或故事的種類。

圖一

閱讀中 的放聲思考策略	
當父母說……	父母引導……
《小兔彼得的故事》、《小兔班傑明的故事》：我認為小兔彼得很好奇、喜歡冒險，並且想要找回失去的藍色外套。	**預測：**用因果關係的思考模式去推測和檢驗情節的後續發展。
《母鴨潔瑪的故事》：當農夫太太不肯讓母鴨潔瑪孵自己的蛋時，她一定很難過。	**以同理心回應：**說出自己的情緒或感覺，對別人表現關懷和同理。
《小兔彼得的故事》、《小兔班傑明的故事》：我曾經因為不聽媽媽的話，爬到很高的架子上摔下來受傷，還好只是擦破皮！	**將文本與個人的經驗連結：**比較和對比人、事、物。

圖二

閱讀後 的放聲思考策略	
當父母說……	父母引導……
《母鴨潔瑪的故事》：儲藏室只有門和兩個用破桶疊著的煙囪，裡面都是羽毛，潔瑪被關在裡面時很不舒服，尤其是當牧羊犬把她鎖在裡面時。	**重述故事：**有時會透過記憶和觀察圖畫說故事。
《小兔彼得的故事》、《小兔班傑明的故事》、《刺蝟和溫迪琪的故事》：我發現《小兔彼得的故事》中出現的藍色外套，也在《小兔班傑明的故事》和《刺蝟和溫迪琪的故事》中出現，3個故事的背景相同嗎？是在什麼情況下出現的？	**把不同的文本做比較和對照：**將文本與文本連結，找出相同和相異處。
《小兔彼得和他的朋友們》：我發現波特會用水彩寫生，以及擬人化的方式創作。故事內容和創意、想像、友誼、勇氣有關，結局都很愉快！	**了解作者的創作風格：**發現作者的想法、創作手法和想傳遞的訊息。

圖三

透過角色扮演活動搭起思考和對話的橋梁

共讀後，可以和孩子玩角色扮演遊戲，將故事與孩子的生活經驗連結。遊戲後，可以請孩子描述角色間的關係和情節的發展，以及其中隱含的人生哲理。例如：扮演《小兔彼得的故事》中，小兔彼得在麥先生菜園裡歷險的一幕，然後進行討論。

父母：「故事裡，小兔彼得發生了什麼事？」

孩子：「小兔彼得不聽媽媽的話，到麥先生的菜園去。」

父母：「為什麼小兔彼得從麥先生的菜園歷險回家後，只能喝菊花茶當藥？是被媽媽處罰嗎？」

孩子：「不是，是因為小兔彼得闖禍和生病，所以吃不下好吃的麵包、牛奶和黑莓子，只能喝菊花茶當藥。」

父母：「你有沒有和彼得類似的經驗？結果怎麼樣？」

孩子從以上的扮演遊戲和討論中，可以了解什麼是「自然行為結果」。小兔彼得是因為本身的淘氣行為造成了不愉快的後果，而不是因為被別人處罰。孩子可以從中學習預測後果和自我控制，但是仍能保持好奇心和冒險的精神。

閱讀更多有關碧雅翠絲·波特的繪本建議

《碧雅翠絲·波特——田園裡的科學家》用蠟筆質感和筆觸呈現出自然的鄉村風格，帶領讀者認識波特的不同面向。重視女性在科學方面的才能，幫助孩子了解性別平等的議題。故事後附有人物與事件的介紹和時間軸，幫助孩子了解波特的生平。

《守護鄉村：碧雅翠絲·波特與彼得兔的故事》這是一本介紹碧雅翠絲·波特生平的繪本。以精美的插畫和生動的文字，帶領讀者認識波特從小就對自然界充滿好奇和熱愛，並且創造出了許多可愛的動物角色。這些角色不但反映了波特對動物的細膩觀察和深刻理解，也展現了她對童年的懷念和自由的渴望。讓我們看到了一位女性在男性主導的社會中，如何為愛和理想而活，如何運用她的才華和行動，帶給世界美好與改變。

　　《穿長靴的小貓》是由英國第一屆的兒童文學桂冠獎得主昆丁·布雷克，使用俐落的插畫風格為波特小姐詮釋一百多年前的遺稿。透過兩位繪本大師的圖文相輔相成，展現出新世代的繪本風貌。

謝爾・希爾弗斯坦
古怪荒誕中的哲理與藝術

　　談到要推薦孩子富詩意及哲理的經典作品，會立即想到深受成人與孩子喜愛的謝爾・希爾弗斯坦（Shel Silverstein）的書。他的繪本童趣盎然，極富藝術性，目前已被翻譯成 30 多種語言在國際發行。謝爾除了是兒童繪本大師，也兼具插畫家、詩人、劇作家、歌手及作曲家的角色。他的多才多藝及獨特的個人風格，使得作品溫馨中帶點古怪和荒謬，哲學思維自然流露，這種迷人的奇妙特質非常適合介紹給孩子。若加些適宜的引導，將能促進孩子的理解能力與思考能力。以下以謝爾的三部作品為例，提供賞析的方式。

《一隻加長 1/2 的長頸鹿》

　　《一隻加長 1/2 的長頸鹿》是一首誇張、滑稽的幻想詩。讀者除了捲舌，朗讀所記憶的疊句外，還需發揮創意及預測力。謝爾善用角色的發展、情節的荒謬，以及詩的音韻節奏，引領讀者進行如嘉年華般喧鬧的語文遊戲。隨著故事接近尾聲，「一隻加長 1/2 的長頸鹿」用合理的問題解決法，將他身上滿載的東西一一卸除，直到變回「長頸鹿」為止，好像用收心操得意滿足的向讀者謝幕。

親子共讀時，您可以做什麼？

❶ 與幼兒共讀這首滑稽的詩文

　　A 可以示範如何朗讀出節奏及旋律感。

　　B 提醒孩子根據重複的文字及近似素描的線條畫，猜測接下來可能會發生的事件，並請他們談談原由，看看是否與文本模式或插圖細節中的線索有關。

❷ 與學齡孩子分享這首詩，可以解釋其中遣詞造句的規則及結構

　　A 豐富生動的語詞： 嘟嘟嘀嘀吹奏著的長頸鹿、頭髮上有椅子的長頸鹿。

　　B 有因果關係、重複及累積敘述的句型模式：「如果」你幫他穿上西裝，而他看起來挺可愛的⋯⋯「那麼」，你就有一隻加長二分之一，帽子裡有老鼠，穿上西裝，看起來挺可愛的長頸鹿。

　　「如果」你在他的鼻頭粘上一朵玫瑰花，「那麼」，你就有一隻加長二分之一，帽子裡有老鼠，穿上西裝看起來挺可愛，鼻頭上有玫瑰花的長頸鹿。

　　C 驚喜的結局前的句型轉變：「如果」你給他一根竿子，讓他爬出洞口⋯⋯然後，鯨魚放開他的尾巴，游向了郵差先生⋯⋯「然後」，他把騎到釘子的腳踏車送給正在健行的傢伙⋯⋯

　　D 結尾回到原點的循環式結構：

　　開場──如果「你有一隻長頸鹿」⋯⋯他的頸子可以再伸長二分之一⋯⋯那麼你就有一隻加長二分之一的長頸鹿。

　　結局──然後，他把頸子再縮短二分之一⋯⋯那麼，「你就有一隻長頸鹿了」！

❸ 創作短詩

如果孩子願意，可以邀請他們開心的模仿這首詩的重複結構及預測性，創作一首約 6 ～ 8 行的短詩。

A 也可以幫忙孩子選擇一個提示物，例如：「一隻縮小 1/2 的大象」來進行創作活動。

B 可以與孩子共同創作，或是讓他們獨立創作，盡可能鼓勵孩子以自己喜歡的想法去創作。

C 最後當孩子完成一首可預測的詩時，請他們分享及朗讀。

這本書文本詼諧風趣，生動的插圖從堆疊累積到削減刪除，兩者互相輝映，讓孩子在聆聽、朗讀及欣賞藝術的同時，能試著去預測及記住接下來發生的事，既是一種快樂有趣的閱讀經驗，也能幫助孩子集中注意及記憶。

《失落的一角》與《失落的一角遇見大圓滿》

《失落的一角》與《失落的一角遇見大圓滿》充滿哲學思想與詩意，文本在荒誕的幽默中蘊藏了機智。作者透過精鍊的遣辭用句大玩文字遊戲，其作品中簡潔的插圖深富童趣的藝術美感。

這個系列的兩本書有關人際相處的寓言，透過失落的一角與缺角的圓的角度看事情。其中缺角的圓在獨處時會停下來聞聞花香、與小蟲聊聊，失落的一角磨損成小圓後與大圓滿彼此不單凝望且共同朝一方向前進等，都以指涉法將人尋求獨立自主及友伴關係的過程精闢的傳達出來。因為所談的是人們對於愛最深層的「渴望」與「害怕」，而能引發讀者的思考與共鳴。然而如何將這深度

▶ 《失落的一角》
▶ 《失落的一角遇見大圓滿》

作者：謝爾・希爾弗斯坦（Shel Silverstein）
繪者：謝爾・希爾弗斯坦（Shel Silverstein）
出版社：水滴文化

的意涵與孩子聯繫起來，進而喚起他們的想像、沉思與趣味？必須透過開放、有架構性的閱讀活動來引導。以下提出活動的步驟與策略做參考。

親子共讀時，可以做什麼？

❶ 透過問問題與討論，做好聆聽與朗讀的準備

為孩子建立背景知識，例如：「這本是《失落的一角遇見大圓滿》，讓我們看看圖，你能猜出這本是關於什麼的故事嗎？」當孩子提出他的想法後，可以回應他：「這個故事是有關失落的一角獨自坐著，等待有誰來把他帶去某個地方的故事。當我讀故事時，請你想想失落的一角在故事的最後會怎麼樣，為什麼？還有請記住故事的開始、中間及結束發生了什麼事。」

問問題時盡可能與孩子的真實生活經驗相關，例如：「你是否曾經和別人一起玩，但對方都不願配合？你覺得如何？你怎麼辦？結果怎麼樣？」

❷ 朗讀故事，且只為回應、評論或問問題停下來一兩次

A 一面朗讀，一面用問題引導孩子思考，例如：「為什麼缺角的圓找到了失

落的一角後，卻又溫柔的放下？」若孩子沒有反應，可以把問題改為敘述句，例如：「當缺角的圓找到失落的一角後，卻再也唱不成歌，而把他溫柔的放下。」

B 也可以讓孩子預測接下來的情節，但主要的討論留在朗讀完後進行。為鼓勵孩子參與閱讀並體會語言的樂趣，可以先朗讀一行，再請孩子重複朗讀，並強調疊句的形式與節奏感，例如：「哦，我要去尋找我失落的一角，我要去尋找我失落的一角。嗨——呦——呦！出發嘍！去尋找我失落的一角。」

❸ 朗讀完後討論

可以請孩子邊看圖邊複述故事，表達他們對情節及順序的理解。然後透過提問把注意力聚焦在預測故事發展上，例如：「如果失落的一角沒有將角磨損、開始滾動，你認為他會怎麼樣？」、「你覺得失落的一角會和大圓滿成為朋友嗎？為什麼？」

以上的閱讀過程能為親子共讀設立一個目標，建立架構幫助孩子組織及擷取兩本繪本的內容，促進他們的哲學思考與理解力，進而將故事內化與應用。謝爾的精采作品非常多，《閣樓上的光》《人行道的盡頭》等都值得一一品味。誠如謝爾所說：「如果你有夢想，請進來，如果你有夢想、心願、滿腹謊言，還會希望、會禱告、買魔法豆……如果你是個偽君子，請坐到我的火爐旁。我們一起編織金光閃閃的故事。請進來！請進來！」

引導孩子進入謝爾的真實與想像的世界，一起編織各種有趣的故事吧！

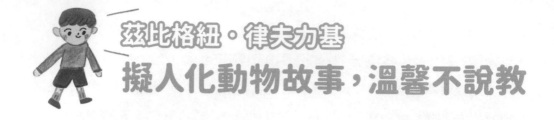

茲比格紐・律夫力基
擬人化動物故事，溫馨不說教

　　擬人化的動物故事常在趣味情境中蘊藏生活經驗和教育意涵，目的可能是為了幫助孩子成長、了解友誼的可貴、獲得品德的陶冶，進而領悟富哲理的寓意。但孩子從小就對批評、說教產生排斥或防衛心，如果故事只為了傳達教育訊息將會枯燥而效果不彰。暢銷童書作者克里斯・霍頓（Chris Haughton）與特蕾西・科爾德魯瓦（Tracey Corderoy）都曾表示，當他們創作富道德教育意義類的童書時，主角大都是動物，這樣能使故事較婉轉有趣，減低說教的色彩，並吸引孩子願意閱讀而不會覺得「沒面子」。因此唯有選擇能與孩子產生共鳴的動人故事，才能發揮深遠的影響。

　　波蘭籍的安徒生插畫獎得主茲比格紐・律夫力基（ZbigniewRychlicki）和作者雀斯葛夫・洋查斯基（Czeslaw Janczarski）所創作的《垂耳熊的一百次旅程》，是 16 個發生在垂耳熊與他的朋友們身上的溫馨有趣的故事。每個故事各自獨立，長度對無法長時間集中注意力的孩子來說剛剛好，孩子可以根據自己的情況，一氣呵成閱讀整本書，也可以不按順序分開來閱讀。律夫力基和洋查斯基在創作「垂耳熊」一系列故事時，懷抱著發揮道德及社會價值觀的信念，希望通過插畫及文本讓小讀者更加了解真實世界的生活，培養他們對社會的參

與感。這些充滿幻想的故事反映出孩子每天的生活經驗及感覺，描述出真正的友誼所需的責任及忠誠美德，能夠引導孩子以嶄新的眼光洞悉真實的世界。充滿奇思妙想的情節也可以幫助孩子設想可能的生活方式、欣賞一些新的想法，或是發揮夢想的作用，創造一個不一樣的新世界。

善用「一百」的魅力，帶領孩子看見大千世界

整本書的開場熱鬧有趣，在《一百次的冒險》中，垂耳熊以睿智的解答者及活潑的冒險者身份出場。不僅主動解釋自己在玩具店中第一次冒險時，因太緊張而造成左耳軟趴趴的垂著，也透過與小人偶當當響的稚氣對答：「……一百很多嗎？」、「一百是很多、很多的。」、「我已經有過一百次的冒險了。」帶領讀者以兒童的觀點，進入許許多多專屬於孩子想像世界的探險故事裡。這些生動的對話及行動，表現出孩子認為多就是好，並喜歡模仿成人使用「一百」來代表多的態度，確立了整本書以孩子感興趣的人、事、物來設計角色或情節，並以孩子的眼光看世界的基調，非常適合孩子理解及欣賞。

充滿想像力與幽默的童話旅程

孩子天生喜歡想像所愛的玩具或動物具有生命，而垂耳熊像一個好奇、缺乏經驗的孩子，但在面對朋友時，他又變成了一個仁慈、寬容的安慰者，至於其他的動物及玩具娃娃們也都各有不同的特質，這樣的組合很容易讓孩子投射出自我的情緒或願望。例如：在《什麼東西在哪裡買》中，垂耳熊好心的主動幫安娜外出買東西，由於頻頻出錯，他很難過，而孩子對此會有共鳴，他們常會

因為想幫助別人不成而感到挫敗，這就是一種自我情緒的投射。在《藍鵲和孔雀》中，孔雀因為愛自誇而沒有人喜歡他，孩子同樣也會擔心自己不受歡迎和被排擠。不過，故事裡擬人化的角色不會讓孩子立即看出兩者間的關係，反而能讓他們在有距離的安全範圍內看待自己關心的問題，思考並學習如何處理問題。

　　孩子除了須克服害怕或擔心這種自我所產生的衝突外，還須面對在生活中與其他人協商的衝突，以及與世界及自然現象發生的衝突。例如：在《商店》中，娃娃拉拉因為缺乏適當的道具，而批評買東西的遊戲不好玩，但垂耳熊以身示範，鼓勵大家運用想像力去遊戲，結果皆大歡喜。在《銀色的星星》中，垂耳熊興高采烈的將天上掉下來的銀色星星帶給大家看。當他跑回屋子時，才發現只剩下融化成水滴的雪，結果不服氣的說：「怎麼會是雪啊！那些一定是星星，我看得很清楚。」這些故事與孩子的發展程度及日常經驗相近，極富想像力，在不喧鬧、安逸、微妙的幽默感中引起孩子的共鳴。

　　整本書的最後一個故事《跟幼兒園說再見》，再次運用了數量「一百」與第一個故事中的「一百」相呼應。垂耳熊總共收到了一百封來自各地小朋友的誠摯邀請信，這表明了他非常受歡迎，而垂耳熊也因此決定展開一場到各地探訪小朋友的探險旅行，為這本書的結尾留下了餘味，讓人不捨又充滿期待的。《垂耳熊的一百次旅程》除了故事精采，美麗的插圖也富有抒情的色調及裝飾性。其中描繪精采的場景細節與奇妙又充滿想像力的各種角色，增添了不少閱讀的趣味及溫馨感，堪稱文圖相輔相成的藝術品。

貼近日常經驗的好故事，幫助孩子應對衝突

　　《垂耳熊的一百次旅程》中每篇故事的篇幅不長，詞彙簡單易讀，適合親子共讀，也適合提供給從圖像閱讀進階到文字閱讀的小讀者們練習獨立閱讀。在此提醒父母，即使孩子已學會認字，除鼓勵其練習獨立閱讀外，仍須保持親子共讀。因為共讀時，父母不僅唸出文字，會依孩子的興趣、程度與經驗適時的提問、延伸內容的深度與廣度，例如：與孩子共讀《垂耳熊的一百次旅程》中的《藍鵲和孔雀》時，可以比較兩種鳥類的相似與相異處，並討論友誼的重要。這將有助於孩子更深入的思考與學習。當親子相依偎的共享這些美好的故事與閱讀時光時，彼此的關係與情感也同時增溫。

書名（原文書名）	出版社
三隻小豬（The Three Little Pigs）	江蘇鳳凰少年兒童出版社
三隻小豬的真實故事（The True Story of the Three Little Pigs）	三之三
下雨天（Rain）	廣西師範大學出版社
下雪天（The Snowy Day）	上誼文化
千變萬化的手（My Hand）	廣西師範大學出版社
大吼大叫的企鵝媽媽（Schreimutter）	親子天下
大野狼才要小心（おおかみだって きをつけて）	小魯文化
大象艾瑪（Elmer）	和英
大箱子（The Big Box）	青林國際
女生的小馬桶（Once Upon a Potty: Girl）	維京國際
子兒，吐吐	信誼
小羊睡不著（When Sheep Cannot Sleep）	三之三
小老鼠緹莉和一堵牆（Tillie and the Wall）	步步
小兔彼得和他的朋友（The world of Peter Rabbit）	青林國際
小兔彼得的故事（The Tale of Peter Rabbit）	青林國際

作者 / 繪者	譯者	適讀年齡	頁碼
作者 / 繪者：詹姆士‧馬歇爾（James Marshall）	彭懿	3～6歲	P.164
作者：雍‧薛斯卡（Jon Scieszka） 繪者：藍‧史密斯（Lane Smith）	方素珍	3～6歲	P.165
作者 / 繪者：李惠利	徐麗紅	3～6歲	P.60
作者 / 繪者：艾茲拉‧杰克‧季茲（Ezra Jack Keats）	柯倩華	3～6歲	P.180
作者 / 繪者：喜多村惠	柳漾	0～3歲	P.28
作者 / 繪者：尤塔‧鮑爾（Jutta Bauer）	賓靜蓀	3～6歲	P.84
作者 / 繪者：重森千佳	游珮芸	3～6歲	P.168
作者 / 繪者：大衛‧麥基（David McKee）	周逸芬	3～6歲	P.55
作者：湯妮‧莫里森（Toni Morrison） 史萊德‧莫里森（Slade Morrison） 繪者：吉賽兒‧波特（Giselle Potter）	楊茂秀	3～6歲	P.195
作者 / 繪者：愛羅娜‧法蘭蔻（Alona Frankel）	林芳萍	0～3歲	P.27
作者 / 繪者：李瑾倫		3～6歲	P.56
作者 / 繪者：喜多村惠	劉清彥	3～6歲	P.152
作者 / 繪者：李歐‧李奧尼（Leo Lionni）	葉嘉青	3～6歲	P.219
作者 / 繪者： 碧雅翠斯‧波特（Helen Beatrix Potter）	林海音	3～6歲	P.240
作者 / 繪者： 碧雅翠斯‧波特（Helen Beatrix Potter）	林海音	3～6歲	P.234

書名（原文書名）	出版社
小兔班傑明的故事（The Tale of Benjamin Bunny）	青林國際
小金魚逃走了（きんぎょがにげた）	信誼
小阿力的大學校（Billy and the Big New School）	上誼文化
小哈，你要把媽媽氣瘋啦！（Harriet, You'll Drive Me Wild!）	北京聯合出版 有限責任公司
小根和小秋（こんとあき）	維京國際
小凱的家不一樣了（Changes）	維京國際
小熊可可（Corduroy）	上誼文化
小熊的小船（Little Bear's Little Boat）	台灣東方
小熊說故事（Listen to My Story）	上誼文化
小貓頭鷹（Owl Babies）	上誼文化
小藍和小黃（Little Blue and Little Yellow）	上誼文化
小雞！（ひよこ）	親子天下
小寶寶要誕生了！：胎兒在媽媽肚子裡的故事 （IL LIBRO CON…LA PANCIA）	維京國際

書名（原文書名）	出版社
山中舊事（When I Was Young in the Mountains）	遠流
山是我的家：牧羊人與狼的雙向思考故事（Dans ma montagne）	維京國際
不行！（No!）	格林文化
不肯睡覺的小孩（Baby Who Wouldn't Go to Bed）	青林國際
不萊梅的音樂家（The Bremen Town Musicians）	廣西師範大學出版社
丹福先生（Denver）	道聲
今天是什麼日子？（きょうはなんのひ？）	親子天下
公園裡有一首詩（Daniel Finds a Poem）	米奇巴克
巴黎的獅子（Un lion à Paris）	米奇巴克
心情精靈：索索的情緒魔法罐（Out of a Jar）	小宇宙文化
月下看貓頭鷹（Owl Moon）	上誼文化
月亮晚安（Goodnight Moon）	上誼文化
火金姑	信誼
世界上最大的房子（The Biggest House in the World）	步步
北極熊搬新家：真誠接納，學會同理與關懷（Welcome）	小宇宙文化

作者 / 繪者	譯者	適讀年齡	頁碼
作者：辛茜亞・勞倫特（Cynthia Rylant） 繪者：黛安・庫德（Diane Goode）	林海音	3～6歲	P.115
作者：馮思瓦・歐比諾（François Aubineau） 繪者：傑鴻・貝哈（Jérôme Peyrat）	陳怡潔	3～6歲	P.136
作者 / 繪者：瑪塔・艾德絲（Marta Altés）	梁若洵	3～6歲	P.182
作者 / 繪者：海倫・庫珀（Helen Cooper）	柯倩華	3～6歲	P.180
作者 / 繪者：布萊恩・威爾史密斯（Brian Wildsmith）	柳漾	3～6歲	P.55
作者 / 繪者：大衛・麥基（David Mckee）	劉清彥	3～6歲	P.91
作者：瀨田貞二 / 繪者：林明子	林真美	3～6歲	P.231
作者 / 繪者：米夏・亞齊（Micha Archer）	吳其鴻	3～6歲	P.199
作者 / 繪者： 碧翠絲・阿雷馬娜（Beatrice Alemagna）	陳妍如	3～6歲	P.50
作者 / 繪者：黛柏拉・馬賽羅（Deborah Marcero）	黃筱茵	3～6歲	P.85
作者：珍・尤倫（Jane Yolen） 繪者：約翰・秀能（John Schoenherr）	林良	3～6歲	P.194
作者： 瑪格麗特・懷茲・布朗（Margaret Wise Brown） 繪者：克雷門・赫德（Clement Hurd）	黃迺毓	0～3歲	P.48
作者：庄永明、李紫蓉、林武憲 繪者：張哲銘、張振松、劉鎮豪		0～6歲	P.199
作者 / 繪者：李歐・李奧尼（Leo Lionni）	葉嘉青	3～6歲	P.217
作者 / 繪者：巴胡（Barroux）	葉嘉青	3～6歲	P.106

書名（原文書名）	出版社
只有一個學生的學校	小典藏
外公（Grapa）	阿爾發
外婆（Abuela）	廣西師範大學出版社
外婆住在香水村	青林國際
失落的一角（The Missing Piece）	水滴文化
失落的一角遇見大圓滿（The Missing Piece Meets the Big O）	水滴文化
尼可丹姆的一天（Nicodeme）	聯經出版
市場街最後一站（Last Stop on Market Street）	小天下
打開傘	信誼
母鴨潔瑪的故事（The Tale of Jemima Puddle-Duck）	青林國際
母雞釣魚去（Partie de peche）	親子天下
母雞蘿絲去散步（Rosie's Walk）	上誼文化
生物及棲息地系列：哺乳類動物（Living Things & Their Habitats-Mammals）	東雨文化
田鼠阿佛（Frederick）	上誼文化
冰山大作戰（Eau glacee）	親子天下

作者 / 繪者	譯者	適讀年齡	頁碼
作者 / 繪者：劉旭恭		3～6歲	P.93
作者 / 繪者：約翰‧伯寧罕（John Burningham）	林良	3～6歲	P.183
作者：亞瑟‧多羅斯（Arthur Dorros） 繪者：埃莉莎‧克萊文（Elisa Kleven）	陳紅傑	3～6歲	P.60
作者：方素珍 / 繪者：江彬如		3～6歲	P.121
作者 / 繪者：謝爾‧希爾弗斯坦（Shel Silverstein）	林世仁	3～6歲	P.245
作者 / 繪者：謝爾‧希爾弗斯坦（Shel Silverstein）	林世仁	3～6歲	P.245
作者：阿涅絲‧拉侯許（Agnés Laroche） 繪者： 史黛凡妮‧奧古斯歐（Stéphanie Augusseau）	李旻諭	3～6歲	P.69
作者：馬特‧德拉佩尼亞（Matt de la Peña） 繪者：克里斯汀‧羅賓遜（Christian Robinson）	宋珮	3～6歲	P.59
作者：李紫蓉 / 繪者：崔麗君		0～3歲	P.198
作者 / 繪者：碧雅翠絲‧波特（Beatrix Potter）	林海音	3～6歲	P.237
作者 / 繪者： 碧阿緹絲‧胡迪傑（Béatrice Rodriguez）		3～6歲	P.170
作者 / 繪者：佩特‧哈群斯（Pat Hutchins）	上誼編輯部	3～6歲	P.181
作者 / 繪者：葛蕾絲‧瓊斯（Grace Jones）	羅秀純	3～6歲	P.52
作者 / 繪者：李歐‧李奧尼（Leo Lionni）	孫晴峰	3～6歲	P.57 P.215
作者 / 繪者：阿瑟‧蓋瑟（Arthur Geisert）		3～6歲	P.170

書名（原文書名）	出版社
因為有了你（Silly Wonderful You）	格林文化
地球筆記本	幼獅文化
好忙的蜘蛛（The Very Busy Spider）	上誼文化
好朋友傳說（The Legend of Two Friends）	親子天下
好玩碰一下，不行嗎？（KINDERGATORS-Hands Off, Harry!）	小宇宙文化
好想飛的兔老大（ドン ウッサ そらをとぶ）	小麥田
好餓的毛毛蟲（The Very Hungry Caterpillar）	上誼文化
如果你給老鼠吃餅乾（If You Give a Mouse a Cookie）	小天下
守護鄉村：碧雅翠絲‧波特和彼得兔的故事 （Saving the Countryside: The Story of Beatrix Potter and Peter Rabbit）	字畝文化
安妮‧法蘭克——密室裡的女孩（Anne Frank）	維京國際
有一天（Someday）	親子天下
朱家故事（Piggybook）	漢聲
池上池下	小魯文化
灰姑娘（Cinderella）	明天出版社

書名（原文書名）	出版社
灰姑娘（Cinderella）	貴州人民出版社
米莉的新帽子（Millie's Marvellous Hat）	小天下
亨利去爬山（Henry Climbs a Mountain）	維京國際
你沒想過的仿生學（Invented by Animals）	臺灣麥克
你的身體是你的（Tu cuerpo es tuyo）	維京國際
別讓鴿子開公車！（Don't Let the Pigeon Drive the Bus）	小天下
希兒與皮帝的神奇旅行	衛生福利部社會及家庭署
快樂先生（ガンジーさん）	廣西師範大學出版社
我的爸爸（おとうさん）	木馬文化
我的城市是什麼顏色？（La mia città è）	格林文化
我的城市會說話：不用眼睛，更能聽見都市模樣（My City Speaks）	小宇宙文化
我的新奶奶（DIE NEUE OMI）	小天下
我長大了（The Growing Story）	道聲
我看見一隻鳥	青林國際
我們一起做麵包（ぼくのぱん わたしのぱん）	聯經出版

作者／繪者	譯者	適讀年齡	頁碼
作者／繪者：瑪西亞・布朗（Marcia Brown）	彭懿 楊玲玲	3～6歲	P.162
作者／繪者：喜多村惠	方素珍	3～6歲	P.196
作者／繪者：D・B・約翰遜（D. B. Johnson）	方素珍	3～6歲	P.153
作者：克里斯汀安娜・多里翁（Christiane Dorion） 繪者：歌夏・海爾巴（Gosia Herba）	劉維人	3～6歲	P.140
作者／繪者：露西亞・瑟蘭諾（Lucía Serrano）	葉嘉青	3～6歲	P.137
作者／繪者：莫・威樂（Mo Willem）	許耀雲	2～6歲	P.70
作者：姜義村／繪者：李憶婷		3～6歲	P.147
作者／繪者：長谷川義史	彭懿 周龍梅	3～6歲	P.91
作者／繪者：土田義晴	陳瀅如	3～6歲	P.71
作者／繪者：墨克（Mook）	賴羽青	3～6歲	P.48
作者：戴倫・勒布夫（Darren Lebeuf） 繪者：艾詩麗・巴倫（Ashley Barron）	葉嘉青	3～6歲	P.58 P.104
作者：伊莉莎白・史坦肯納（Elisabeth Steinkellner） 繪者：米歇爾・羅爾（Michael Roher）	李紫蓉	3～6歲	P.113
作者：露絲・克勞斯（Ruth Krauss） 繪者：海倫・奧森貝里（Helen Oxenbury）	劉清彥	3～6歲	P.152
作者／繪者：劉伯樂		3～6歲	P.53
作者：神澤利子／繪者：林明子	米雅	3～6歲	P.223

書名（原文書名）	出版社
我們是水源守護者（We Are Water Protectors）	維京國際
我家住在塔帕若斯河岸（Tapajós）	水滴文化
我討厭去幼兒園（ようちえんいやや）	維京國際
我愛洗澡嚕啦啦	小魯文化
男生的小馬桶（Once Upon a Potty: Boy）	維京國際
走開，綠色大怪物！（Go Away, Big Green Monster!）	維京國際
亞歷山大和發條鼠（Alexander and the Wind-Up Mouse）	步步
佳佳的妹妹不見了（あさえとちいさいいもう）	親子天下
侏儒怪（Rumpelstiltskin）	貴州人民出版社
刷牙 刷—刷—刷（ノンタンはみがきはーみー）	上誼文化
刺蝟溫迪琪的故事（The Tale of Mrs. Tiggy-Winkle）	青林國際
和甘伯伯去遊河（Mr. Gumpy's Outing）	阿爾發
垂耳熊的一百次旅程（Mis Uszatek）	閣林文創
夜色下的小屋（The House in the Night）	新星出版社
奇幻小鎮大發現：【無字繪本視覺思考學習套組】（全三冊）（The world of Mamoko in the year 3000）	采實文化

作者 / 繪者	譯者	適讀年齡	頁碼
作者：卡蘿爾・林德史東（Carole Lindstrom） 繪者：米榭菈・高德（Michaela Goade）	游珮芸	3～6 歲	P.138
作者 / 繪者：費爾南多・維萊拉（Fernando Vilela）	葉嘉青	3～6 歲	P.141
作者 / 繪者：長谷川義史	林真美	2～6 歲	P.40
作者：沙永玲 / 繪者：陳美燕		0～3 歲	P.29
作者 / 繪者：愛羅娜・法蘭蔻（Alona Frankel）	陳美燕	0～3 歲	P.27
作者 / 繪者：艾德・安柏利（Ed Emberley）	余治瑩	0～3 歲	P.21
作者 / 繪者：李歐・李奧尼（Leo Lionni）	葉嘉青	3～6 歲	P.215
作者：筒井賴子 / 繪者：林明子	游珮芸	3～6 歲	P.223
作者：格林兄弟（Brithers Grimm） 繪者：保羅・歐・澤林斯基（Paul O. Zelinsky）	彭懿 楊玲玲	3～6 歲	P.150
作者 / 繪者：清野幸子	鄭明進	0～3 歲	P.30
作者 / 繪者：碧雅翠絲・波特（Beatrix Potter）	林海音	3～6 歲	P.236
作者 / 繪者：約翰・伯寧罕（John Burningham）	林良	3～6 歲	P.91
作者：雀斯葛夫・洋查斯基（Czes aw Janczarski） 繪者：茲比格紐・律夫力基（Zbigniew Rychlicki）	葉祉君	3～6 歲	P.248
作者： 蘇珊・瑪麗・斯萬森（Susan Marie Swanson） 繪者：貝斯・克羅姆斯（Beth Krommes）	趙可	3～6 歲	P.62
作者： 亞歷珊卓・米契林斯卡（Aleksandra Mizielinska） 繪者：丹尼爾・米契林斯基（Daniel Mizielinski）		3～6 歲	P.173

書名（原文書名）	出版社
奇妙的種子（ふしぎなたね）	上誼文化
姊姊的魔幻電梯（Lift）	小麥田
帕可好愛韋瓦第（PACO et Vivaldi）	水滴文化
彼得的椅子（PETER'S CHAIR）	上誼文化
抱抱！（Hug）	信誼
法比安派對（Fabians feest）	幼獅文化
虎菇鍋	親子天下
門鈴又響了（The Doorbell Rang）	遠流
阿諾去上學（Arno's bijzondere dag）	廣西師範大學出版社
青蛙王子變形記（The Frog Prince, Continued）	北京聯合出版
南瓜湯（Pumpkin Soup）	和英
拼布被（The Patchwork Quilt）	Dail Books
拼拼湊湊的變色龍（The Mixed-Up Chameleon）	上誼文化
指引方向（Show Way）	Putnam Oub Group
挖土機與毛毛蟲（The Digger and the Caterpillar）	水滴文化

作者 / 繪者	譯者	適讀年齡	頁碼
作者 / 繪者：安野光雅	鄭明進	3～6 歲	P.152
作者：明・勒（Minh Lê） 繪者：丹・桑塔（Dan Santat）	黃筱茵	3～6 歲	P.185
作者 / 繪者：瑪嘉莉・呂榭（Magali Le Huche）	艾可	3～6 歲	P.62
作者 / 繪者： 艾茲拉・傑克・季茲（Ezra Jack Keats）	孫晴峰	3～6 歲	P.75
作者 / 繪者：傑茲・阿波羅（Jez Alborough）		0～3 歲	P.26
作者 / 繪者：瑪莉特・同克維斯特（Marit Törnqvist）	鄭榮珍	3～6 歲	P.195
作者 / 繪者：信子		3～6 歲	P.190
作者 / 繪者：佩特・哈金絲（Pat Hutchins）	林真美	3～6 歲	P.153
作者 / 繪者： 伊馮娜・雅克騰伯格（Yvonne Jagtenberg）	趙博	3～6 歲	P.69
作者：喬恩・謝斯卡（Jon Scieszka） 繪者：史帝夫・強森（Steve Johnson）	柳漾	3～6 歲	P.196
作者 / 繪者：海倫・庫柏（Helen Cooper）	柯倩華	3～6 歲	P.98
作者：瓦萊麗・弗盧努瓦（Valerie Flournoy） 繪者：杰里・平克尼（JerryPinkney）		3～6 歲	P.155
作者 / 繪者：艾瑞・卡爾（Eric Carle）	林良	0～3 歲	P.211
作者：杰奎琳・伍德森（Jacqueline Woodson） 繪者：赫德森・塔爾博特（Jacqueline Woodson）		3～6 歲	P.156
作者 / 繪者：約瑟夫・庫夫勒（Joseph Kuefler）	葉嘉青	3～6 歲	P.33

書名（原文書名）	出版社
是蝸牛開始的（Vom Gluck ein dickes Schwein zu sein…）	三之三
是誰在門外啊（とんことり）	聯經出版
是誰嗯嗯在我頭上（Vom kleinen Maulwurf, der wissen wollte, wer ihm auf den kopf gemacht hat）	三之三
珊珊（Susan Laughs）	上誼文化
穿長靴的小貓（The Tale of Kitty-In-Boots）	青林國際
穿過隧道（The Tunnel）	遠流
胖石頭	國語日報
胡蘿蔔種子（The Carrot Seed）	上誼文化
英勇的娜丁（I am Cow, Hear Me Moo!）	社團法人台灣彩虹愛家生命教育協會
夏綠蒂的撲滿（Charlotte's Piggy Bank）	道聲
娜娜的一天（いってらっしゃーい いってきまーす）	道聲
孫小空72變	小典藏
旅程（Journey）	道聲
海底100層樓的家（うみの100かいだてのいえ）	小魯文化

書名（原文書名）	出版社
砰砰！蹦蹦！（ぽんぽんポコポコ）	親子天下
神奇美髮師費多林（Fridolin Franse frisiert）	幼獅文化
逃家小兔（The Runaway Bunny）	信誼
馬背上的女圖書館員（That Book Woman）	廣西師範大學出版社
動物眼中的世界（Zooptique）	上誼文化
動物園（Zoo）	維京國際
動物寶寶上幼兒園：小兔找朋友（うさぎちゃんともだちできた）	親子天下
寇特尼（Courtney）	和英文化
彩色怪獸（THE COLOR MONSTER）	三采文化
猜猜我有多愛你（Guess How Much I Love You）	上誼文化
猜猜看！（Animagicals）	廣西師範大學出版社
第一次出門買東西（はじめてのおつかい）	親子天下
荷花鎮的早市	聯經出版
莉莉的紫色小皮包（Litty's Purple Plastic Purse）	和英
莎莉，離水遠一點（Come Away From The Water, Shirley）	遠流
這不是我的帽子（This is Not My Hat）	親子天下

書名（原文書名）	出版社
這是一本狗狗書（This is a Dog Book!）	維京國際
野鳥有夠酷	星月書房
野鳥會躲藏	星月書房
野獸國（Where the Wild Things Are）	英文漢聲
魚就是魚（Fish is Fish）	上誼文化
鳥有翅膀，孩子有書 （Les oiseaux ont des ailes, les enfants ont des livers）	米奇巴克
鳥巢大追蹤：50 種鳥巢內幕大公開（鳥の いろいろ）	遠流
麥先生的帽子魔術（Milo's Hat Trick）	玉山社
麥克，穿衣服！（Max/s New Suit）	和英
最後一匹狼（The last wolf）	米奇巴克
帽子（Le Chapeau volant）	上誼文化
棉婆婆睡不著	信誼
棕色的熊，棕色的熊，你在看什麼？ （Brown Bear, Brown Bear, What Do You See?）	上誼文化
發現小錫兵（Der standhafte Zinnsoldat）	和英
短耳兔 1：我是短耳兔	親子天下
短耳兔 2：小象莎莎在哪裡？	親子天下
短耳兔 3：冬冬的考卷不見了	親子天下
短耳兔 4：麵包宅急便	親子天下

書名（原文書名）	出版社
菲力的 17 種情緒（El imaginario de los sentimientos de Felix）	米奇巴克
菲菲生氣了：非常、非常的生氣 （When Sophie Gets Angry: Really , Really, Angry...）	三之三
黑猩猩的好朋友：珍・古德（THE WATCHER）	維京國際
傳家寶被（The Keeping Quilt）	遠流
傷心書（Michael Rosen's Sad Book）	維京國際
路易（Louie）	道聲
媽媽，今天是我第一天上幼兒園耶！ （Mom, It's My First Day of Kindergarten!）	遠流
媽媽我等你回家（Waiting for Mama）	小宇宙文化
媽媽做給你（おかあちゃんがつくったる）	維京國際
愛發脾氣的美樂克（KINDERGATORS: Miracle Melts Down）	小宇宙文化
爺爺一定有辦法（Something from Nothing）	上誼文化
爺爺有沒有穿西裝？（Hat Opa einen Anzug An?）	格林文化
獅子該打針啦（Lion Needs a Shot）	小魯文化
獅子該理髮啦（Lion Needs a Haircut）	小魯文化
葉子小屋（はっぱのおうち）	聯經出版
葉限（Yeh-Shen: A Cinderella Story from China）	Puffin Books

作者 / 繪者	譯者	適讀年齡	頁碼
作者：迪迪耶・李維（Didier Lévy） 繪者：法畢斯・杜立爾（Fabrice Turrier）	高郁茗	3～6 歲	P.76
作者 / 繪者：莫莉・卞（Molly Bang）	李坤珊	3～6 歲	P.193
作者 / 繪者：貞娜・溫特（Jeanette Winter）	朱恩伶	3～6 歲	P.143
作者 / 繪者：派翠西亞・波拉蔻（Patricia Polacco）	廖春美	3～6 歲	P.154
作者：邁克・羅森文（Michael Rosen） 繪者：昆汀・布萊克（Quentin Blake）	林良	3～6 歲	P.192
作者 / 繪者：艾茲拉・傑克・季茲（Ezra Jack Keats）	柯倩華	3～6 歲	P.61
作者 / 繪者：任惠元 （Hyewon Yum）	黃筱茵	2～6 歲	P.41
作者 / 繪者：吉安娜・馬里諾（Gianna Marino）	葉嘉青	3～6 歲	P.53
作者 / 繪者：長谷川義史	米雅	3～6 歲	P.121
作者 / 繪者：露絲瑪莉・威爾斯 （Rosemary Wells）	葉嘉青	3～6 歲	P.43
作者 / 繪者：菲比・吉爾曼（Phoebe Gilman）	宋珮	3～6 歲	P.110
作者：艾蜜麗弗利德（Amelie Fried） 繪者：傑基格萊希（Jacky Gleich）	張莉莉	3～6 歲	P.71
作者 / 繪者：任惠元（Hyewon Yum）	葉嘉青	3～6 歲	P.31
作者 / 繪者：任惠元（Hyewon Yum）	葉嘉青	3～6 歲	P.31
作者：征矢清 / 繪者：林明子	游珮芸	3～6 歲	P.223
作者：路易・愛玲（Ai-Ling Louie） 繪者：楊志成（Ed Young）		3～6 歲	P.159

書名（原文書名）	出版社
跟著北極熊植物獵人去探險 （Animal Explorers: Lola the Plant Hunter）	天衛文化
跟著老虎深海潛水員去探險 （Animal Explorers: Toby the Deep-Sea Diver）	天衛文化
跟著松鼠太空人去探險（Animal Explorers: Stella the Astronaut）	天衛文化
遊戲時間躲貓貓（Peekaboo Playtime）	上誼文化
鼠小弟刷刷牙（ねずみくんといっしょ　ははははは）	小魯文化
團圓	信誼
瑪德琳（Madeline）	台灣東方
瑪德琳歡樂聖誕節【門口來了一位毯子商人，竟然是一位魔法師！】 （Madeline's Christmas）	韋伯
碧雅翠絲・波特：田園裡的科學家（Beatrix Potter, Scientist）	青林國際
維羅妮卡的悲傷故事 （The Sad Story of Veronica Who Played The Violin）	廣西師範大學 出版社
緋紅樹（The Red Tree）	和英
蒼鷺小姐與鶴先生（The Heron and the Crane）	道聲
閣樓上的光（A Light in the Attic）	水滴文化
噓！（Hush!）	小魯文化

作者 / 繪者	譯者	適讀年齡	頁碼
作者 / 繪者：雪倫・任塔（Sharon Rentta）	葉嘉青	3～6 歲	P.130
作者 / 繪者：雪倫・任塔（Sharon Rentta）	葉嘉青	3～6 歲	P.130
作者 / 繪者：雪倫・任塔（Sharon Rentta）	葉嘉青	3～6 歲	P.130
作者 / 繪者：DK 出版社	信誼編輯部	0～3 歲	P.30
作者：中江嘉男 / 繪者：上野紀子	周姚萍	3～6 歲	P.30
作者：余麗瓊 / 繪者：朱成梁		3～6 歲	P.115
作者 / 繪者：路德威・白蒙（Ludwig Bemelmans）	呂行	3～6 歲	P.47
作者 / 繪者：路德威・白蒙（Ludwig Bemelmans）	劉芮瑜	3～6 歲	P.47
作者：琳賽・H・梅特考夫（Lindsay H. Metcalf） 繪者：武君宜（Junyi Wu）	劉清彥	3～6 歲	P.241
作者 / 繪者：大衛・麥基（DavidMckee）	柳漾	3～6 歲	P.197
作者 / 繪者：陳志勇（Shaun Tan）	余光中	3～6 歲	P.200
作者：約翰・尤曼（John Yeoman） 繪者：昆丁・布雷克（Quentin Blake）	張淑瓊	3～6 歲	P.99
作者 / 繪者：謝爾・希爾弗斯坦（Shel Silverstein）	劉美欽	3～6 歲	P.247
作者：何敏楓（Mingfong Ho） 繪者：荷莉・米德（Holly Meade）	嚴淑女	3～6 歲	P.199

書名（原文書名）	出版社
嘰喀嘰喀碰碰（Chicka Chicka Boom Boom）	信誼
影子（Shadow）	青林國際
敵人派（Enemy Pie）	道聲
樓上外婆和樓下外婆（NANA UPSTAIRS & NANA DOWNSTAIRS）	維京國際
蝸牛：林良的 78 首詩	國語日報
誰吃掉了（たべたのだあれ）	上誼文化
豬頭三兄弟（The Three Pigs）	格林文化
賣帽子（Caps for Sale: A Tale of a Peddler Some Monkeys and Their Monkey Business）	上誼文化
踢踢踢踢天寶（Tikki Tikki Tembo）	愛孩子愛自己工作室
諾頓與愛模仿的大熊（Norton and the Bear）	青林國際
貓頭鷹騎士（Knight Owl）	維京國際
遺忘之屋（The Forgettery）	字畝文化
錯了	香港新雅文化
牆壁裡的狼（The Wolves in the Walls）	繆思

作者 / 繪者	譯者	適讀年齡	頁碼
作者：比爾・馬丁（Bill Martin） 　　　約翰・阿尚波（John Archambault） 繪者：洛伊絲・艾勒特（Lois Ehlert）	陳宏淑	0～3歲	P.94
作者：布萊斯・桑德拉爾（Blaise Cendrars） 繪者：瑪西亞・布朗英（Marcia Brown）	楊茂秀	3～6歲	P.60
作者：德瑞克・莫森（Derek Munson） 繪者：泰拉・葛拉罕・金恩（Tara Calahan King）	劉清彥	3～6歲	P.87 P.188
作者 / 繪者：湯米・狄波拉（Tomie DePaola）	孫晴峰	3～6歲	P.111
作者：林良 / 繪者：盧貞穎		3～6歲	P.201
作者 / 繪者：五味太郎		0～3歲	P.29
作者 / 繪者：大衛・威斯納（David Wiesner）	黃筱茵	3～6歲	P.168
作者 / 繪者： 艾絲菲・斯勞柏肯納（Esphyr Slobodkina）	鄭榮珍	3～6歲	P.152
作者：亞林莫賽文（Arlene Mosel） 繪者：布萊爾藍特（Blair Lent）	汪培珽	3～6歲	P.149
作者 / 繪者：加百列・埃文斯（Gabriel Evans）	海狗房東	3～6歲	P.56
作者 / 繪者： 克利斯多佛・丹尼斯（Christopher Denise）	宋珮	3～6歲	P.127
作者：火月桂（Rachel Ip） 繪者：蘿拉・休斯（Laura Hughes）	葉嘉青	3～6歲	P.109
作者 / 繪者：楊思帆		3～6歲	P.25
作者：尼爾・蓋曼（Neil Gaiman） 繪者：大衛・麥金（Dave McKean）	幸佳慧	3～6歲	P.58

書名（原文書名）	出版社
環遊世界做蘋果派 （How to Make an Apple Pie and See the World）	維京國際
謝謝你來當我的寶貝（うまれてきてくれてありがとう）	大好書屋
蹦！（びょーん）	小魯文化
騎著恐龍去圖書館	步步
鬆餅先生（Mr. Wuffles!）	格林文化
寶貝，快到我的懷裡來（おひざでだっこ）	廣西師範大學 出版社
寶寶的肚臍在哪裡？（Where is Baby's Belly Bottom?）	上人文化
蘋果園的 12 個月（りんご畑の 12 か月）	幼獅文化
鐵路腳的孩子們（Railway Kids）	和英文化
露露的菜籃（Le Panier de Lulu）	廣西師範 大學出版社
魔法親親（The Kissing Hand）	上誼文化
歡迎你，寶貝！（On the Day You Were Born）	和融
讓路給小鴨子（Make Way of Ducklings）	國語日報
鱷魚怕怕牙醫怕怕（わにさんどきっ はいしゃさんどきっ）	上誼文化
GujiGuji	信誼

作者 / 繪者	譯者	適讀年齡	頁碼
作者 / 繪者：瑪尤莉·普萊斯曼（Marjorie Priceman）	李永怡	3～6歲	P.47
作者：西元洋 / 繪者：黑井健	顏秀竹 思謐嘉	3～6歲	P.13
作者 / 繪者：松岡達英	蒲蒲蘭	0～3歲	P.25
作者：劉思源 / 繪者：林小杯		3～6歲	P.146
作者 / 繪者：大衛·威斯納（David Wiesner）	王欣榆	3～6歲	P.192
作者：內田麟太郎 / 繪者：長谷川義史		3～6歲	P.24
作者 / 繪者：凱倫·凱茲（Karen Katz）	賴美伶	0～3歲	P.28
作者：松本猛 / 繪者：中武秀光	陳瀅如	3～6歲	P.52
作者 / 繪者：呂游銘		3～6歲	P.121
作者 / 繪者： 克里斯·迪·賈科莫（Kris Di Giacomo）	李旻諭	3～6歲	P.48
作者：奧黛莉·潘恩（Penn Audrey） 茹絲·哈波（Ruth Harper） 繪者：南西·理克（Nancy Leak）	劉清彥	3～6歲	P.196
作者 / 繪者：黛柏拉·芙瑞雪（Debra Frasier）	李如譽	3～6歲	P.200
作者 / 繪者：羅勃·麥羅斯基（Robert McCloskey）	畢璞	3～6歲	P.54
作者 / 繪者：五味太郎	上誼編輯部	0～3歲	P.30
作者 / 繪者：陳致元		3～6歲	P.48

悅讀館014

親子共讀起步走

經典繪本200+ 從零歲開始讓孩子愛上閱讀 （全新增訂版）

作者｜葉嘉青
責任編輯｜熊君君
協力編輯｜李佩芬、李春枝
協力校對｜魏秋綢
封面設計｜華家緯
封面插畫｜李若昕
內文設計、排版｜雷雅婷
行銷企劃｜張家綺

天下雜誌群創辦人｜殷允芃
董事長兼執行長｜何琦瑜
媒體暨產品事業群
總經理｜游玉雪
副總經理｜林彥傑
總監｜李佩芬
行銷總監｜林育菁
版權主任｜何晨瑋、黃微真

出版者｜親子天下股份有限公司
地址｜台北市 104 建國北路一段 96 號 4 樓
電話｜(02)2509-2800　傳真｜(02)2509-2462
網址｜www.parenting.com.tw
讀者服務專線｜(02)2662-0332　週一～週五 09:00～17:30
讀者服務傳真｜(02)2662-6048
客服信箱｜parenting@cw.com.tw

法律顧問｜台英國際商務法律事務所・羅明通律師
製版印刷｜中原造像股份有限公司
總經銷｜大和圖書有限公司　電話｜(02)8990-2588

出版日期｜2024 年 1 月第一版第一次行
定價｜480 元
書號｜BKEER014P
ISBN｜978-626-305-681-7（平裝）

訂購服務
親子天下 Shopping｜shopping.parenting.com.tw
海外・大量訂購｜parenting@cw.com.tw
書香花園｜台北市建國北路二段 6 巷 11 號　電話｜(02)2506-1635
劃撥帳號｜50331356 親子天下股份有限公司

國家圖書館出版品預行編目 (CIP) 資料

親子共讀起步走：經典繪本200⁺，從零歲開始讓
孩子愛上閱讀/葉嘉青作，第一版，臺北市：親
子天下股份有限公司，2024.01

288面；17x20公分 (悅讀館 014)

ISBN 978-626-305-681-7(平裝)

1.CST: 親職教育 2.CST: 兒童教育 3.CST: 閱讀指導

528.2　　　　　　　113000195

本書所有版稅捐贈台灣世界展望會

立即購買 >